step **1**

step **2**

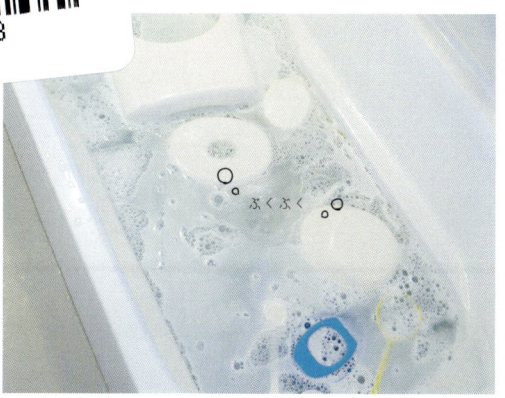

ぶくぶく

step **3**

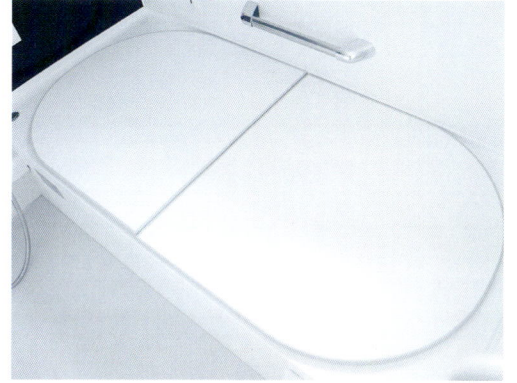

step **4**

ぴっかぴか

家事ぐせとは

「いつも部屋が散らかっている」

「食事作りが面倒」

「休みの日は掃除で終わる」

こういうことがストレスに感じることはありませんか？

毎日の家事は生活の一部ですが、

"やらなきゃダメ"と考えると体は動かないもの。

では、家事がくせになっていたら？

考える前に体が動いて「あ！ もう終わった」

なんて夢のような話に。

おさよさんの家事は、習慣にしやすいヒントがたくさん！

まずは、自分が「やってみたい！」と思うことから実践してみてください。

毎日１カ所でも、つづけていくことで

その家に合った「家事ぐせ」が育っていきます。

つづけるうちに自然に習慣化され、

「毎朝顔を洗うように家事ができる」

それが「家事ぐせ」です。

おさよさんの **無理なくつづく**

家事ぐせ

KAJIGUSE

osayosan34
おさよさん

主婦の友社

はじめに

この本を手に取っていただき、ありがとうございます。

お隣さん家の家事をちょっとのぞいてみる感覚で、ページをめくっていただけるとうれしいです。

「これはマネできるかも、うちにはこれは合わないな……」。毎日延々とつづく家事の中で、何か一つでも、ほんの一瞬思い出してもらえたら、私にとって本当にすごいことです。

私は小学1年生の息子と幼稚園年少さんの娘を育てながら、娘の入園を機に少しだけ働き始めた福岡在住の主婦です。本にするくらいだからよほど家事が好きなのかな、と思われるかもしれませんが、本音は「ラクしたいです」(笑)。眠っている間に部屋がピカピカに掃除されたらいいなと思いますし、子どもと遊んでいるうちに料理ができあがれば素敵だな……なんて思ったりもします。

「掃除」や「片づけ」と聞くと、「よーし、やるぞ!」と気合が必要だったり、「よーし、やるぞ!」「だらしない」と言われたような気分になったりすることがありました。

もっと気負わずに、もっと楽しく、もっと心地よくできる方法はないかな? 今も毎日探しつづけています。

家事は、疲れたらサボってもいい、しばらく手を抜いてもいいと思っています。私自身、落ち込んだり元気に笑えず、家事にも力が入らない日があります。そんな日のためにもふだんから「ちょっと頑張る」をつづけて、少しくらい手抜きしても心穏やかに、やさしく、笑顔で暮らしを回していけたら、どんな日も100点満点なのかなと自分を励ましています。

おさよさん
data

osayoFamily

夫
息子（7才）
娘（4才）
　　の4人家族。

osayoHouse

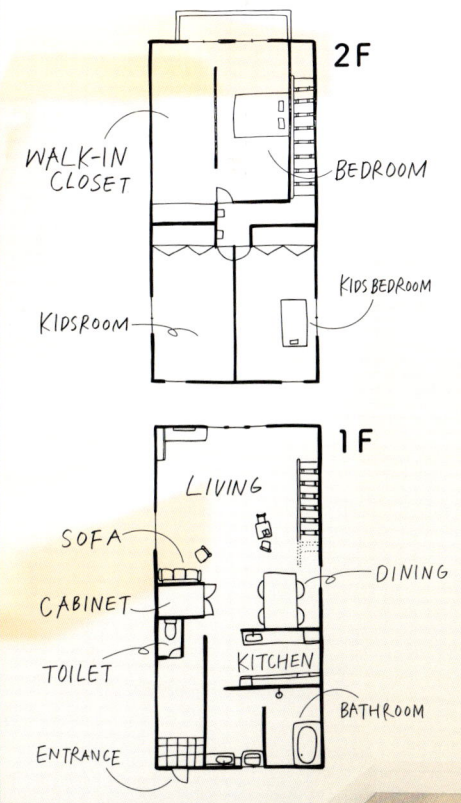

2F

WALK-IN CLOSET

BEDROOM

KIDS BEDROOM

KIDSROOM

1F

LIVING

SOFA

DINING

CABINET

TOILET

KITCHEN

BATHROOM

ENTRANCE

5:00 起床
　　　　着替えてエプロンをつけ、メイクをする。
　　　　トイレ掃除3分、洗面所掃除2分。

5:30 食事作り
　　　　朝食とお弁当を同時進行で作る。

6:45 夫、子ども起床
　　　　みんなで朝食をいただく。

7:15 あと片づけ
　　　　朝食の食器などを洗い、片づける。

7:40 夫出勤、息子登校
　　　　見送ってから娘の幼稚園の準備。

7:40 朝の掃除
　　　　【リビング】　ハンディモップ2分、掃除機3分、
　　　　　　　　　　　フローリングワイパー水ぶき5分、
　　　　【寝室】　　　掃除機、布団をたたむ、
　　　　　　　　　　　布団掃除機、アロマ除菌スプレー計10分。

8:15 娘登園
　　　　バス停まで送る。
　　　　ついでに娘と一緒に花の水やり、玄関掃除。

〜9:00 フリータイム
　　　　夕飯の献立を決めておく
　　　　（帰宅が遅い日や今日やる気ないなぁという日は、
　　　　冷凍常備菜を冷蔵庫へ移動して解凍しておく）。

9:00 パートへ出勤
　　　　仕事がない日は、ママ友とランチをしたり、
　　　　ひとりで読書など。

20:00 絵本の読み聞かせ

子どもたちの寝室で、
寝る前に本を1冊ずつ読む。

20:30 リセット

食卓まわりの片づけ。
おふろ上がりに回しておいた洗濯物を干す。
おふろ掃除。
ふきんの煮沸消毒。
明日のお弁当の献立を決めて解凍などをしておく。

フリータイム

23:00 就寝

おさよさんの**無理**なくつづく

家事 ぐせ

KAJIGUSE

目次

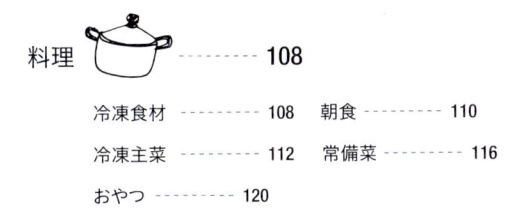

chapter 1

KITCHEN

家族の健康を守るキッチン

大切な家族の体を作る食べ物を扱うキッチンは、

なるべく清潔に保ちたいもの。

毎日3度の食事作りのたびに、しっかり掃除をするのはむずかしいけれど、

スプレーしてふき取るだけ、寝る前につけおくだけなど、

短い作業時間で少しだけ頑張る、キッチンの家事ぐせを作りませんか?

朝、清潔なキッチンに立つと、

すがすがしい気持ちで1日をスタートできます。

家事ぐせ 01

ひと晩つけておくだけで
水栓の水アカや汚れがスルリと取れる

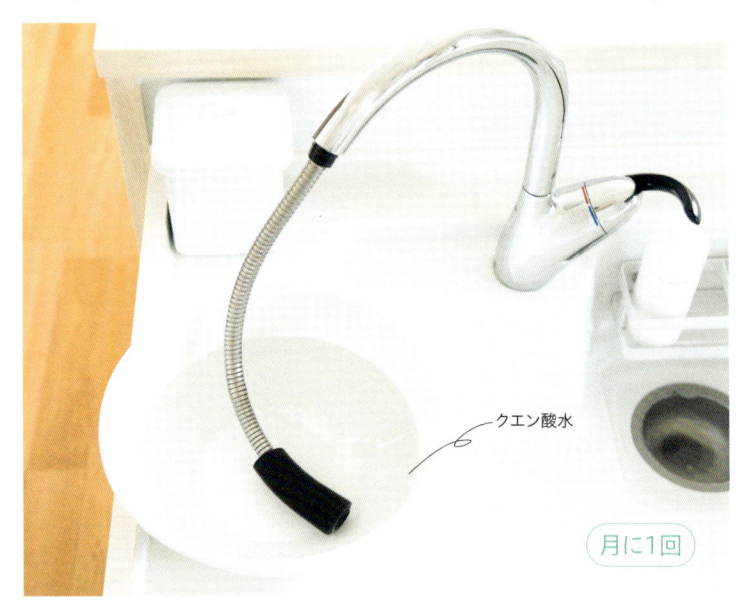

クエン酸水

月に1回

月に1回寝る前に、洗面器やボウルにお湯を張り、
大さじ3の**クエン酸**を溶かしたクエン酸水に
水栓の先端をつけおきしています。翌朝、ゆるんだ水アカや汚れを
クリームクレンザーか重曹をつけた歯ブラシで軽くこすって、
水で洗い流すだけでピカピカに。
クエン酸には水アカをゆるめたり、
ぬめりを落とすほかに、
除菌や消臭効果もあります。

1日1回

CHECK
クエン酸
水まわりの掃除に欠かせない万能選手！
◀ 詳しくはp.100へ。

CHECK
ドーバーパストリーゼ
除菌や消臭に幅広く使え、食品にもOKな高濃度のアルコールスプレー。
◀ 詳しくはp.101へ。

1日に1回、水栓に**ドーバーパストリーゼ**をひと吹きしてふきんでふくだけで、輝くようにキレイに！　除菌やカビ予防にも効果的。水栓がキレイだと、キッチン全体がキレイに見える気がします。

見えないけど汚れやすい場所には
ラップを敷いておく

掃除

冷蔵庫
の上

ラップ

冷蔵庫や換気扇の上は、
水分や油分を含んだホコリが多く、案外汚れています。
そんな場所には事前にラップを敷いて、掃除をラクにする対策を。
定期的にラップを交換すれば掃除の手間が省けます。

収納

料理

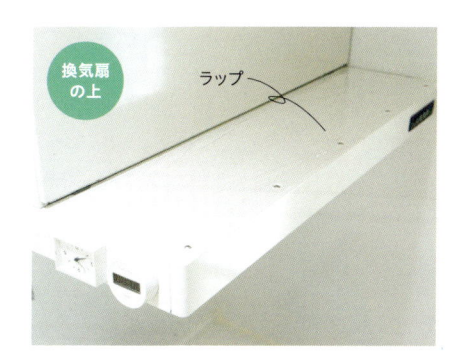

換気扇
の上

ラップ

ボトル類の底に
キッチンペーパーを敷いて汚れ防止
&交換するときについでに掃除

意外と汚れていることが多い
冷蔵庫のお茶ボトルや調味料、キッチンの引き出し内の油類。
キッチンペーパーを敷いておくだけで掃除がラクになります。

キッチンペーパーを交換するときは、
汚れていない部分を上にたたみ直して、
冷蔵庫内はドーバーパストリーゼ、
そのほかは電解水スプレー（p.99参照）を吹きかけ、
ふき掃除してからポイッ。

小さいことですが、交換と掃除をセットにしておくと、
意外と見落としがちな場所をキレイに保つことができます。

POINT

ついでに掃除したい場所
- 給湯器のリモコン
- 電子レンジやトースターの上
- 電気のスイッチ
- キッチンの引き出しの取っ手

掃除

収納

料理

冷蔵庫内を！

ついでに

冷蔵庫

勝手口を！

ついでに

引き出し

防虫＆除湿対策は
簡単だけどしっかりと！

豆腐の空きパック

重曹100gとコーヒーかす少々（なくてもOK）と
精油10滴（ティーツリーorハッカ油がオススメ）を混ぜたものを
豆腐の空きパックに入れ、使い古したガーゼをかけ、
輪ゴムで留めたものをシンク下に入れて除湿剤の代わりに。

乾物などの防虫剤は、においがあまり気にならず、
赤ちゃんがいる家庭でも安心して使える
市販の「ダニよけシリカ」を使っています。

CHECK
重曹
消臭や除湿効果がある重曹は、
家のさまざまな場所で使用。
◀**詳しくはp.98へ。**

乾物
収納

シンク
の下

食品保存袋の再利用は
ルールを決めて

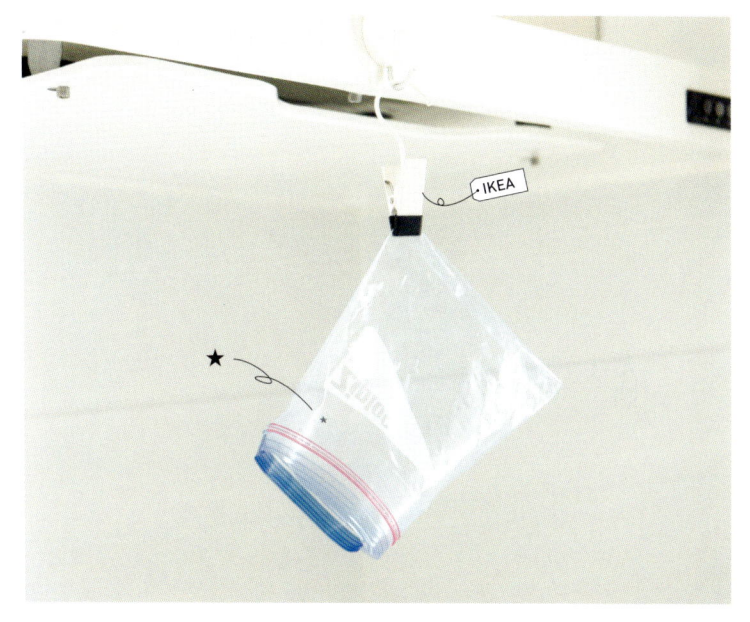

・IKEA

★

肉や魚類はラップ+アルミホイルに包んで保存袋に入れています。
食品をじか入れしていない保存袋は、裏返して中を水洗い。
仕上げにドーバーパストリーゼを吹きかけて軽く水けをふき取り、
風通しのいいところで乾燥させて再利用しています。

１回使うごとに
★印を１つ書き足して、
★が３つになったら処分。
捨てる目安を設けることで、
気づいたら「あ、破れてた！」
なんてことがないように対策しています。

保存袋の収納
古いものと新しいもの、大と小を
分け、牛乳パックに立てて収納。
◀詳しくはp.39へ。

スポンジ＆ふきんは就寝前と気になったときにアルコール除菌

スポンジ

菌がたまりやすく、においが気になるスポンジやふきんには、
ドーバーパストリーゼをシュッと吹きかけて簡単除菌。
スポンジには寝る前にもスプレーして軽くもみ込むのが日課です。

ふきん

ふきんはにおいや雑菌が気になるときにそのつどスプレー。
梅雨の季節などでもイヤなにおいがしません。

食器洗い用スポンジをつけ替えれば
ボトル用スポンジいらず

掃除

水筒やボトルなどを洗う専用のブラシがあると、
洗ったあとのブラシの乾燥や保管場所に困ったりしませんか？
キッチンで使うスポンジを極力少なくするために、
無印の柄つきスポンジに**食器洗い用スポンジ**をつけ替えて、
兼用で使っています。
柄だけ洗って、水けをふき取って収納！

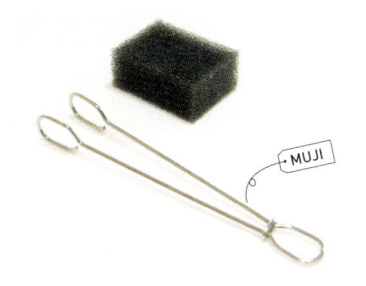

MUJI

CHECK
食器洗い用スポンジ
キッチン愛用品コーナーで
紹介。
◀詳しくはp.102へ。

ベタベタな換気扇や
掃除しにくい製氷機は
つけおき洗いで手間なくキレイ！

つけおき時間 1時間

換気扇

45ℓのゴミ袋を二重にし、換気扇を部品ごと入れます。
給湯器の温度を50度前後に設定してお湯を注ぎ入れ、
オキシクリーンを付属のスプーンに2杯程度入れ、
少しゆすって溶かします。

袋の口を軽く結び、1時間ほどおいておくと汚れが浮いてくるので、
歯ブラシでこするとカンタンに汚れがスッキリ！
汚れがひどいと溶液が茶色くにごるので
"やった感"が得られて気持ちがいいです。

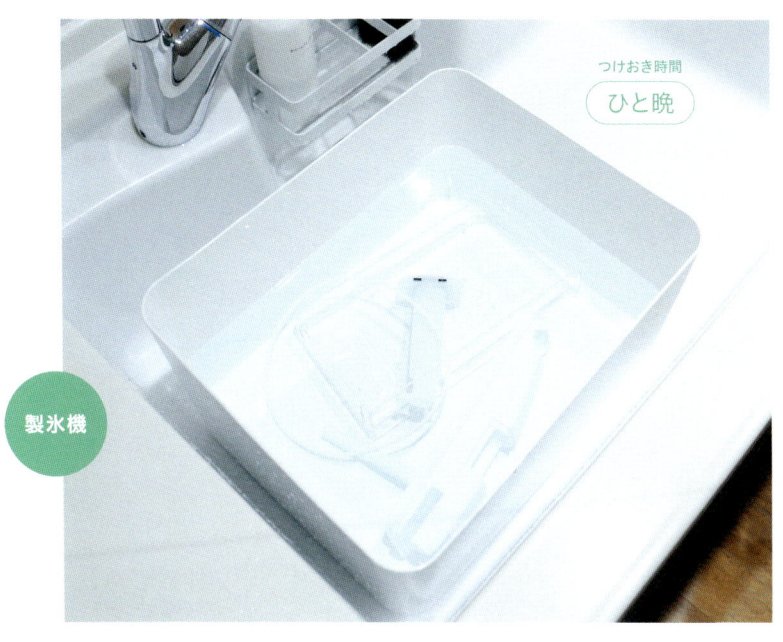

つけおき時間
ひと晩

製氷機

意外とぬめりやピンクカビが気になる製氷機は、
タンクやフィルターなどの部品ごとクエン酸水につけおき。そのとき、
毎日洗っているけど、こまかいパーツに汚れがたまりがちな水筒も、
はずせるパーツを全部はずした状態で一緒に入れます。

翌朝、水でよく洗い流せば、除菌も消臭もバッチリ!
水アカやぬめりもなく、キュッキュッとキレイに仕上がります。

月1回
製氷機の内部も
除菌

吸水タンクに水を満タンまで入れてクエン酸を小さじ1入れ、氷を1回作ります。そのとき、家族が間違って食べないよう、「除菌中」という付箋を貼るのを忘れずに。その後、水で氷を1回作り、それを捨ててから通常使用を開始!

ふきんの煮沸消毒で
1日の家事をしめくくる

すべての家事が終わり、キッチンを離れる前にふきんの消毒をします。
煮沸消毒の容器は火にかけられるものならなんでもOK。
わが家では生ゴミ入れを使い、まとめて除菌しています。
「今日も1日おつかれさま」という気持ちになれる習慣。

火にかけると、
ふつふつと泡が出てきます。
スプーンなどで
たまに押し込みながら、
ふきん全体に泡が行き届くように。

1日分の生ゴミを入れていた
ホーロー容器を軽く水洗いし、
中にふきん類を入れて水を張ります。
そこに小さじ1ほどの**酸素系漂白剤**を投入。

POINT
酸素系漂白剤
お湯に入れるとシュワシュワと
泡立って洗浄効果を発揮！
◀ **詳しくはp.99へ。**

掃除

収納

料理

4

容器の中に残った酸素系漂白剤を
排水口に流します。排水口の除菌にもなり、
イヤなにおいも防止してくれて◎！

ついでに掃除

茶シブが気になる
湯のみに注いでおくと
翌朝キレイに！

3

泡立ってきたら
（わが家で使っている
ホーロー容器なら2分ほど）
火を止め、
ふきんを取り出せるくらいに
冷めたら水で洗い流します。
それを夜干ししている洗濯物と
一緒に外で干して朝まで乾燥。

取り出しにくい収納場所の 空間は空けておいていい

NITORI

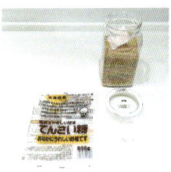

食品用乾燥剤を入れて詰め替えています！

収納に空間があると、とにかく詰め込みたくなりませんか？
取り出しにくいシンク下などの収納場所は
あえて空間を作って取り出しやすくしています。

粉類や調味料は「フレッシュロック角型1.4ℓ」に
全部詰め替え。
保存容器に入り切らなかったらどうする？と
よく質問していただくのですが、小麦粉は800ｇ入り、
砂糖は650ｇが全部入ります。
強力粉は1ｋｇのものを買い、開封後230ｇでパンを作って
残りを容器に入れるとピッタリ。
保存容器に入り切る量を買うようにすれば、
中途半端に余って保存に困る、ということがなくなり、
保存場所にも困りません。

乾物の収納には「期限内に使い切る」&「在庫が把握できる」工夫を

掃除

収納

料理

定番のものには定位置を作ると
買い足しがスムーズ

マカロニなど乾物のストックは、
「LIHIT LABのスライドバー」に口をはさみ込み、
箱に吊るしています。
こうすることで、
小さい袋が下に埋もれて賞味期限切れ！
なんてことが防止できます。

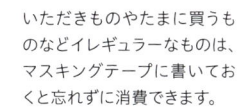

いただきものやたまに買うも
のなどイレギュラーなものは、
マスキングテープに書いてお
くと忘れずに消費できます。

POINT

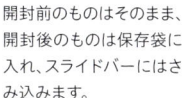

開封前のものはそのまま、
開封後のものは保存袋に
入れ、スライドバーにはさ
み込みます。

プチアイデアがいっぱいの冷蔵庫

・Daiso
・Daiso

 家事ぐせ **12**

おさよさんの冷蔵室
プチアイデア7

❹ 食卓にそのまま出せる朝食プレート

わが家の朝食はごはんが多いので、毎日食べる手作りふりかけや梅干しはトレーにまとめています。バタバタの朝食タイムがスムーズに。

❺ 常備しておきたいものは1カ所に

豆腐は冷蔵室にストックしておきたいので、在庫状況を把握するためにも定位置に管理しています。

❻ 早めに消費ボックスで"ムダ"を防止

気づいたら賞味期限が過ぎていた！なんてことも……。賞味期限が短いものや近づいているものはボックスでひとまとめにしています。

❼ 常備菜の定位置

週1で作る常備菜は、どのくらい残りがあるか把握するためにも定位置を作っています。

❶ 冷蔵室の中にも薬箱

解熱剤やかぜシロップなどの薬の一部は、箱にまとめて冷蔵室で管理しています。この場所は背の高いものが入らないので背の低いものの収納にピッタリ！

❷ 立てる収納で中身を使い切る

マヨネーズとソースは調味料立てに立てて定位置を設定。ラベルをつけておけば、パパが片づけても元の場所に戻ります。

❸ 取り出しにくい場所には取っ手つきケース

左から雑穀米、麦米、みそ、粉だしが入ったみそポット。取っ手がついていると取り出しやすさがアップ！　奥行きがない冷蔵室の上段が効率的に使えます。

掃除

収納

料理

冷蔵室

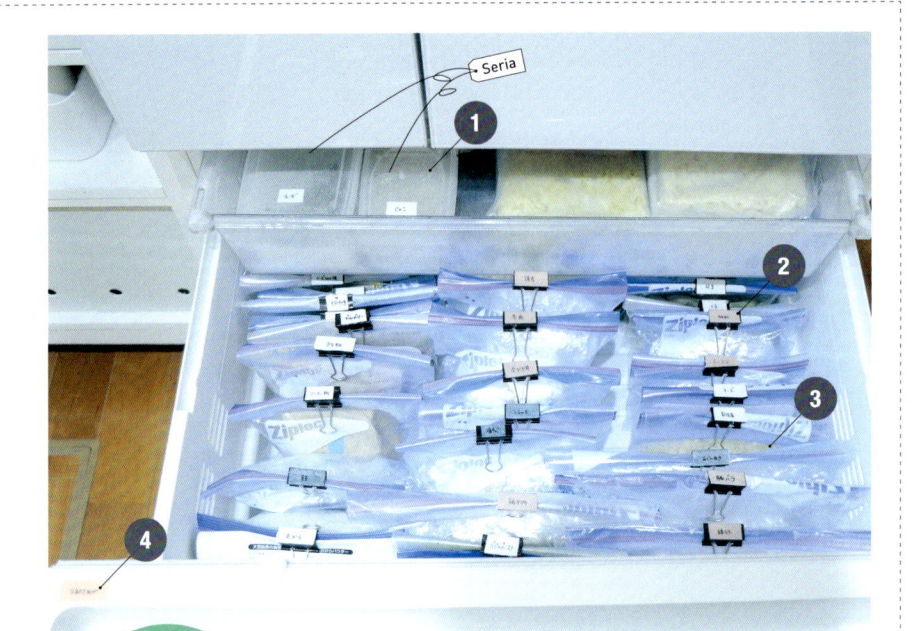

冷凍室

13

おさよさんの冷凍室 プチアイデア4

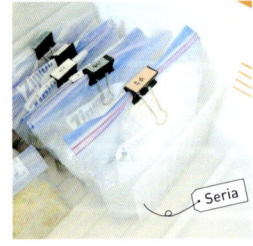

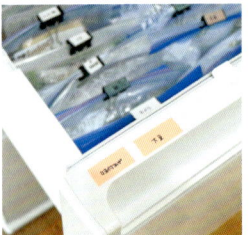

3 フリーザーエンド に立てて収納

週末には空っぽに近い状態になる冷凍室。フリーザーエンドがあれば、パタッと倒れるのを防止でき、整理整頓がしやすくなります。

4 早めに使い切りたい ものを書いてペタッ

長く冷凍しているものなど、なるべく早めに食べ切りたいものは、マスキングテープに書いて、冷凍室の手前に貼っておけば忘れません。

1 パラパラするもの は保存容器へ

ねぎやじゃこなど、パラパラしているものは保存袋よりも容器のほうが使いやすい。背が低い引き出し部分も有効に使えます。

2 マスキングテープ で色分け

肉はピンク、魚はブルー、その他はホワイトのマスキングテープをダブルクリップに貼り、在庫状況がぱっと見てわかるように工夫。

家事
ぐせ 14

野菜はボックスで仕切って
なるべく立てて収納

野菜室

Daiso

チンゲンサイなどの葉も
の野菜は、ビニール袋に
水を入れ、お花の要領で
茎部分をつけておくと、葉
がしおれにくいんです。

POINT

野菜室には、クリアボックスを使っていくつか
部屋を作れば、野菜を立てて収納しやすくな
ります。大葉は湿らせて保存袋に入れ、野菜
ケースにクリップ留め。

収納

**常温
保存**

根菜には紙袋で
専用部屋を

常温保存の野菜は種類ごとに紙袋
に収納しています。玉ねぎの皮や里
いもの土で汚れたら、捨てて新しい
紙袋に替えるだけ。たまりがちなショ
ップの紙袋が再利用できて一石二鳥。

毎日見る&マグネットがつけられる 冷蔵庫横には"貼る収納"

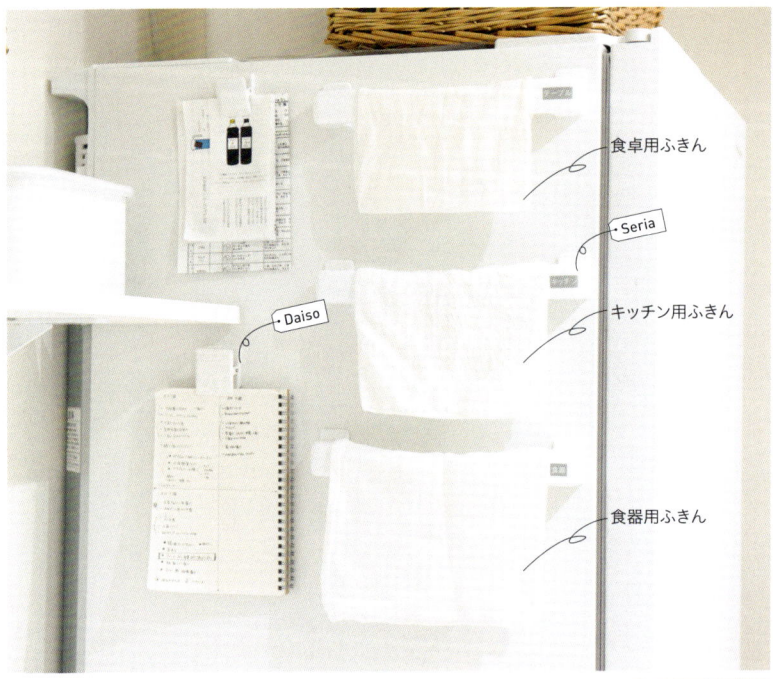

食卓用ふきん

・Seria

キッチン用ふきん

・Daiso

食器用ふきん

冷蔵庫横は目につかない割に、
キッチンのいい位置にあるので、
貼り出し収納に最適。
ふきんや常備菜の覚え書きノート、
子どもたちの給食の献立表や
食品についていた説明書などもここに
マグネットクリップで固定しています。

CHECK
マグネットクリップ
冷蔵庫などにつけられるマグネットクリップは強度がキモ。
◀**詳しくはp.105へ。**

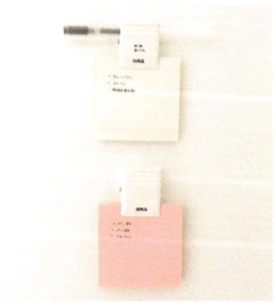

反対側の冷蔵庫横は洗面所にも近い場所なので、日用品と食料品の買うものリストを貼っておきます。この付箋をはがして、そのまま買い物へ!

おしゃれなボックスは 飾り収納に使える！

子ども用食器

お菓子や乾物

ふきん

ティーセット

ティーセット

インテリアにマッチして、大きさも適度なボックスは、
ホコリをかぶりがちな飾り棚で、見せる収納として活用。
自分の好きなデザインのものが見える場所にあると
気分も上がり、キレイに手入れしようと思えます。

ふきん
NITORI

手ふき用と食器用ふきんの
ストックが入ったカゴ。

ティーセット

ホコリが気になるコーヒー
フィルターやお茶パック
は、ふたつきホーロー容器
にひとまとめ。

子ども用食器

プラスチック製食器が入った
カゴはDEAN&DELUCA。
子どもの友だちが来たときは、
このカゴごとテーブルへ。

お菓子乾物

外出時のおやつや乾めん
が入ったカゴ。子どもたち
が勝手に開けないよう、手
の届かない高いところに。

タオルハンガーは
ゴミ袋をかける収納にピッタリ！

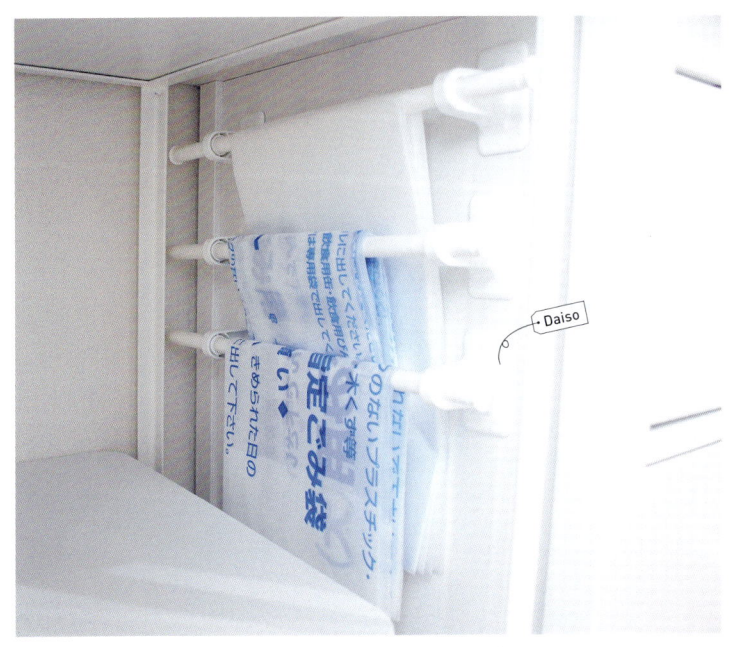

ゴミ箱横のちょっとしたスペースにタオルハンガーをつけ、
ゴミ袋をサイズ別にかけて収納しています。
1枚ずつ取り出しやすく、在庫管理もラクに。

シンク下の
引き出しにも！

野菜を保存するときなどに
使うビニール袋は、シンク下
の深い引き出しにタオルハ
ンガーをつけて収納。

家事
ぐせ 18

料理に欠かせない調味料は
ラベリングで見た目スッキリ！

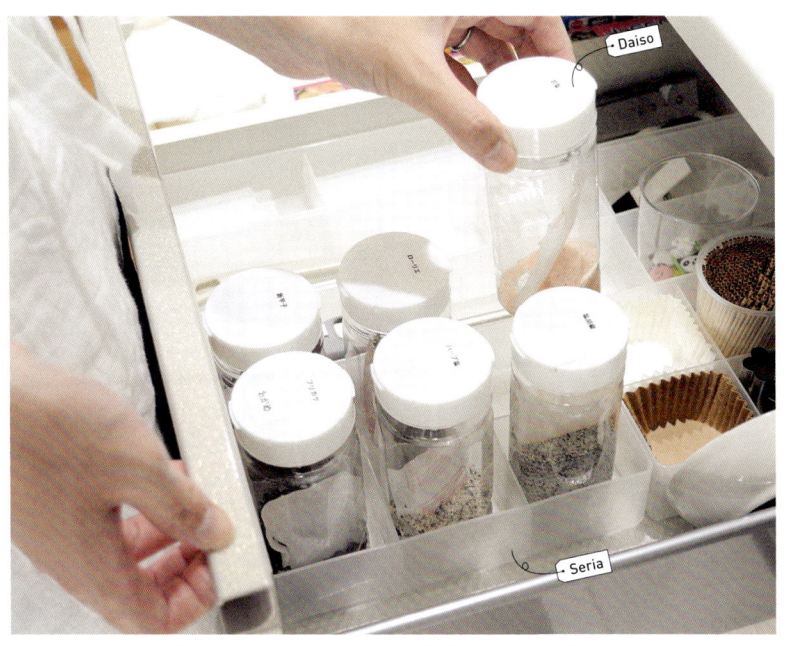

塩やこしょうなど、普段の料理で使用頻度が高い調味料は
ボトルに入れ替えて使用。
ぱっと見でわかるよう、すべてにラベリングしています。
引き出し内での転倒を防ぐため、
6つに仕切られたトレーにIN。

冷蔵庫でも
使っています

上から見ると

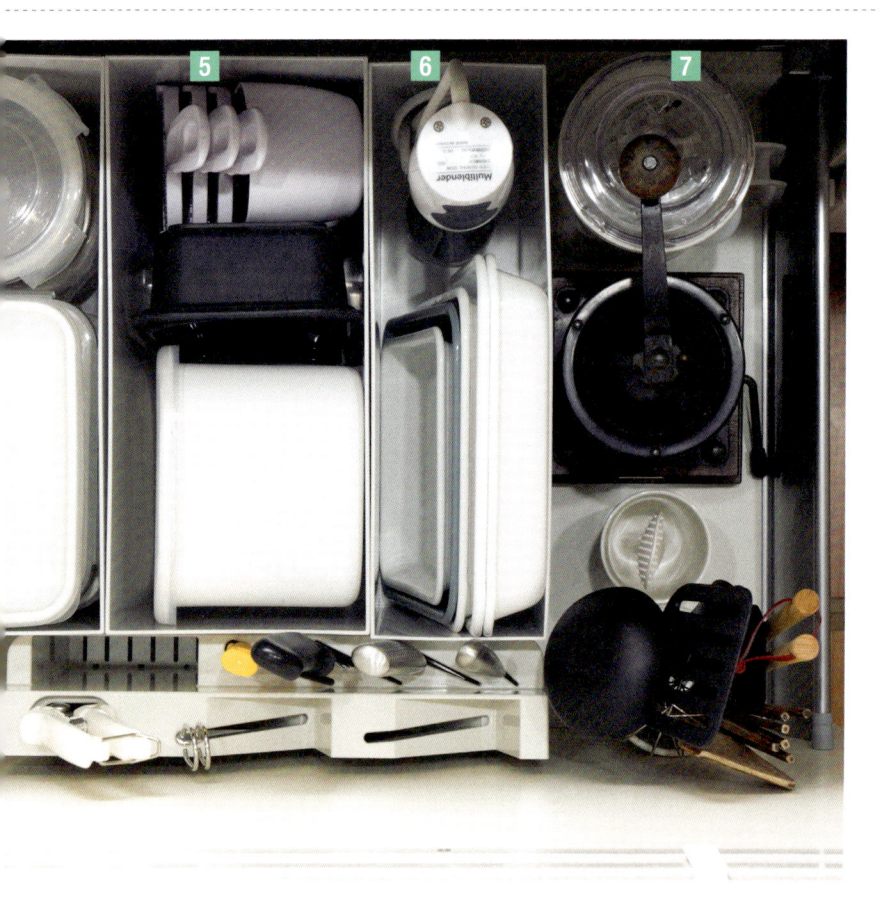

 家事
ぐせ 19

深さがあるキッチン引き出しの 収納例

シンク下の収納は深さがあるので、

かさばるキッチンアイテムが収まりやすい。

ブックスタンドなどを使って、

使いやすい大きさに区切って使っています。

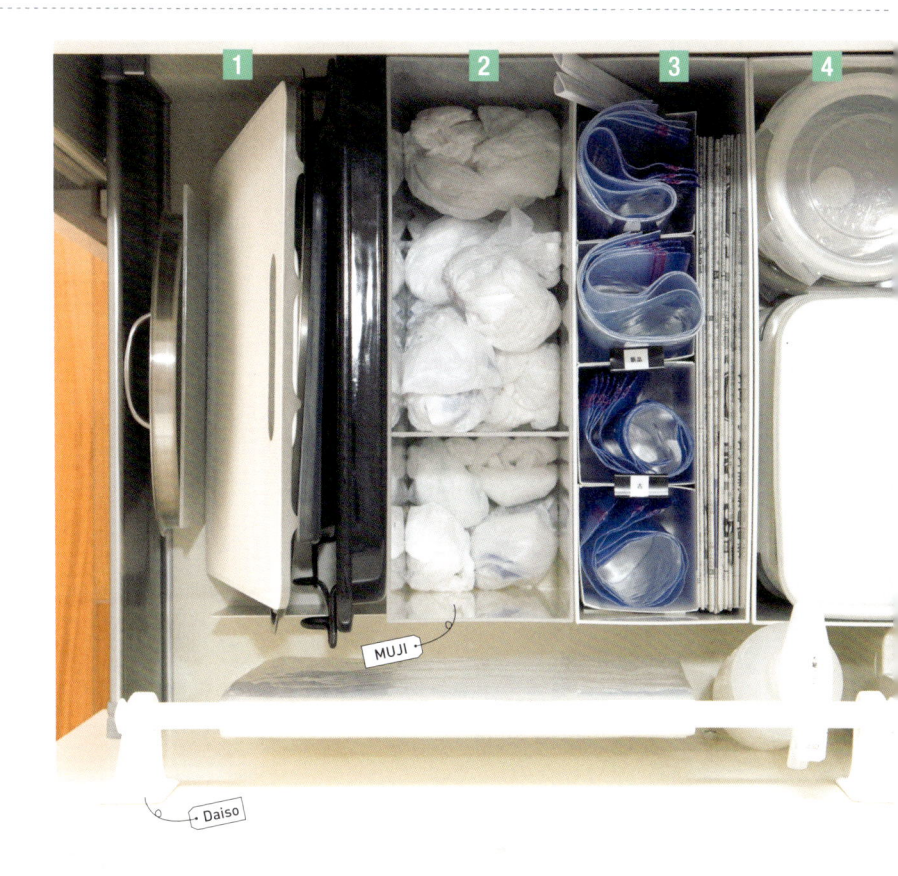

MUJI

Daiso

1 列目

鍋ぶた、オーブン天板、まな板。ブックスタンドを入れて、倒れるのを防止しています。

2 列目

スーパーのレジ袋は、クルッと丸めてポイポイ収納。

3 列目

新品と再利用、大小の4種類に分けた食品保存袋と、生ゴミをくるむときに使う新聞紙。

食品保存袋は牛乳パックの上を切ったものに立てて収納。取り出すときに動かないよう、ダブルクリップで固定するのがポイントです。汚れたら牛乳パックを交換するだけなので掃除もラク。

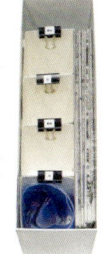

4 列目

サラダや常備菜を入れておく保存容器。この場所に収まる分しか持たないようにしています。

5 列目

すりおろし器、シリコンスチーマー、サラダ用の保存容器。

6 列目

サイズ違いのホーロー製のバットとハンドマルチブレンダー。

7 列目

コーヒーミルや菜箸などのツール。ツールは入れ物ごと使う場所に移動させています。

家事ぐせ 20 排水口のふたはつけないほうが逆に清潔

汚れをためたままにしたくない排水口は、ふたをはずしておくと乾きやすく、中が見えることでこまめな掃除を心がけるようになります。来客時など、見た目が気になるときだけつけるようにすれば問題なし！

おふろの排水口のふたもふだんは取ってあります。つけていたときより、カビが発生しにくくなりました。

家事ぐせ 21 「置く」ではなく「引っかける」

じか置きするとキッチンの作業スペースは狭くなり、ふき掃除をするときは物を移動する手間がかかります。スプレーボトルなど、引っかけられるものは引っかけたほうが取り出しやすく、作業スペースも広くなって掃除がしやすい！

交換日を決めておけば
いつでも気持ちよく使える

（左）シンクなどをふくマイクロファイバーぞうきん、（中）食卓用に使っている落ちワタふきん、（右）半分にカットしている「サンセブンのサンサンスポンジ」。すべて毎月1日に新しいものに交換すると決めています。

歯ブラシも
毎月1日に交換！

掃除

収納

料理

毎日使う食器は1アクションで出し入れ

ごはん茶碗や常備菜を盛りつける小鉢など、毎日使う食器は決まってくるもの。トレーにのせて収納しておけば、使うときにサッと取り出せて、食器棚との往復が最小限ですみます。

子ども用食器も
ワンアクションで！

BATH
ROOM

chapter 2

1日の疲れも汚れも
気持ちいい空間でリセット

「ただいま」と言って最初に手を洗い、

1日の終わりに湯船につかって疲れを癒やす場所、バスルーム。

いつも気持ちいい空間でその日の疲れと汚れをリセットし、明日に備えたいものです。

カビや水アカが気になるものが多いバスルームは、

吊るしたりかけたりする収納を意識しています。

カビの繁殖を防げるうえに収納家具いらずで、動線もスムーズに。

また、歯ブラシや石けんなど、こまごまとしたストックは

ザックリ収納にラベリングして家族が探しやすいように工夫しています。

限られたスペースにスッキリ収納、

掃除の手間を減らすポイントを意識して暮らしていけば、

毎日気持ちよく1日をしめくくれる場所になります。

掃除 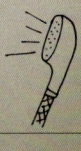 p.44

収納 p.54

家事
ぐせ 24

入浴後の"1分ふき取り"で水アカ対策ができる

おふろに入ったあとに、タオルでおふろ場の壁や鏡など、
水アカが気になるところの水滴を、ササッとふき取っておきます。
タオルは体をふいたものでも、ふき取り専用のものを用意しても、
水滴を吸収できればなんでもOK。

水滴は放置すると頑固な水アカになるので、
毎日1分だけでもやることで、
掃除がラクになるんです!

どうしても取れない水アカには

❶ クエン酸水(水200㎖+クエン酸大さじ1)をよく吸い込ませたティッシュ+
ラップで1時間ほどパックし、重曹かクリームクレンザーでみがく。
❷ ❶の方法で取れない場合は耐水ペーパー1000~2000番でみがくとキレ
イに。必ず耐水性のものを使ってください。

浴室ドアの溝にも水がたまりやす
く水アカやカビになりやすいの
で、タオルで水けをふき取ります。

おふろの頑固なカビ汚れ、
最終兵器はキッチンハイター

毎日おふろ掃除をしても

梅雨のジメジメしやすい時期などはカビが生えてくることがあります。

そんなときは台所用漂白剤キッチンハイターの出番！

カビが気になるところに、

キッチンハイターをたっぷり染み込ませたキッチンペーパーを置き、

その上にラップをしてひと晩放置。

それでも取れない場合は、

何度か同じことを繰り返します。

事前に、目立たない部分で

色落ちしないかの確認も忘れずに。

CHECK
キッチンハイター
塩素系漂白剤の中でもキッチン用のものが一番強力なので、わが家の塩素系漂白剤はコレ1本。洋服に飛び散ると色落ちするので、取り扱いには要注意！

月1 "ぶくぶく掃除"で
おふろ 丸ごと クリーン計画

入浴後のお湯に酸素系漂白剤のオキシクリーンを入れ、
温度を上げて追いだきするだけ！
とてもカンタンなのに、おふろグッズから配管まで
きちんとキレイにしてくれる"ぶくぶく掃除"です。

いすやおけ、おふろ掃除用の
ブラシ、子どものおもちゃな
ど、おふろで使っているものを
ポイポイ入れます。

1 家族が入ったあとのおふろのお湯に、洗面器やおもちゃなどを入れます。そこにオキシクリーンを付属のスプーンで3杯ほど入れ、温度を上げて追いだきします。

2 なるべくお湯の温度が下がらないように、ふたをして翌朝まで放っておくだけ！ つけている間に、カビやぬめりをすっきり落としてくれます。

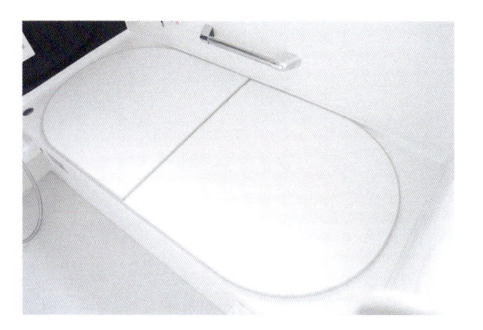

3 翌朝、水を流し、中に入れていたものをキレイに水洗い。一度お湯を張り直して、おふろの配管内を洗い流します。

洗面所はNOスポンジ！
ふきん１枚ですみずみまでピカピカに

鏡のからぶきから洗面台のぬれぶきまで、ふきん１枚で掃除しています。
「このタイミングでやる！」と決めておくとスムーズにできて◎。
朝起きて最初に掃除する場所です。

鏡の手アカや水の飛び散りを
キレイにふいて！

ドーバーパストリーゼを
２プッシュほどマイクロファイバーをふきんに
しみ込ませます。

掃除

収納

料理

4

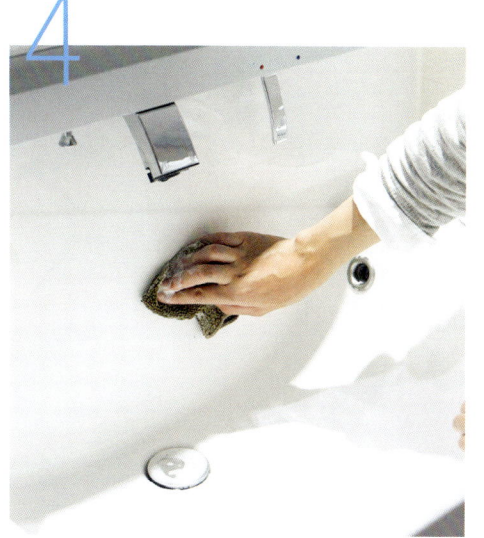

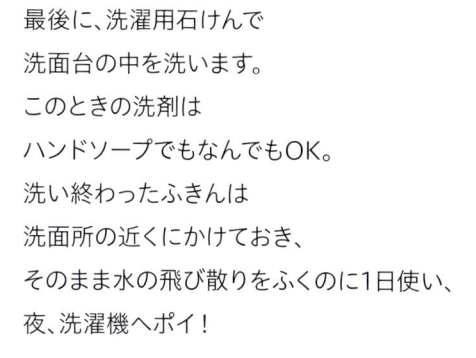

最後に、洗濯用石けんで
洗面台の中を洗います。
このときの洗剤は
ハンドソープでもなんでもOK。
洗い終わったふきんは
洗面所の近くにかけておき、
そのまま水の飛び散りをふくのに1日使い、
夜、洗濯機へポイ!

蛇口まわりなど、ピカピカに輝かせたい
ステンレス部分をみがきます。
ついでに洗面所のドアの取っ手や
電気のスイッチもゴシゴシ。
子どもが外から帰って、
まず最初にさわる場所なので、
菌や汚れがいっぱい!
毎日ふいていると、軽くふくだけでも
十分キレイになります。

洗濯槽の掃除は2種類の漂白剤を効果的に使い分け

酸素系漂白剤には汚れやカビをはがし取る力、

塩素系漂白剤には汚れやカビを強力に殺菌する力があるので、

交互に毎月1回使用。

【酸素系漂白剤の使い方】
1. 浴槽の残り湯を高温で沸かし直し、付属のホースで満水にする。
2. 酸素系漂白剤(オキシクリーン)を付属のスプーンで5杯入れ、洗いコースのみで5分回す。
3. そのままひと晩放置。翌朝、浮いた汚れをゴミすくいネットなどで取り除く。
4. 洗いコースでまた5分回したあと、さらに浮いてきた汚れは取り除き、すすぎ→脱水コースで完了。

【塩素系漂白剤の使い方】
1. 洗濯機を満水にしてキッチンハイターを300mℓほど投入。洗いコースで5分回して翌朝まで放置。
2. 翌朝、洗い→すすぎ→脱水コースで完了。

ふだんは、洗濯機を回したあとにドーバーパストリーゼを吹きかけ、

ふたを開けておきます。

お手伝いが進んでできる
IKEAの魔法のボックス

・IKEA

息子の分の洗濯物は、洗ったら
折りたたみボックス（SKUBB）に入れて渡し、
自分でたたんで収納してもらっています。

軽くて子どもでも持ちやすく、
折りたたみもできるので保管もしやすい！

たたんだ大人の洋服もSKUBBに入れて
クローゼットがある2階へ移動します。

子どもにも
自分で収納して
もらいます。

毎日のトイレ掃除は
流れを決めて3分で終わらせる

使っている洗剤

A 床、壁…電解水スプレー(p.99参照)

B 便器…クエン酸、重曹

1 壁や床、便座のふたなど、便器の中以外にAのスプレーを吹きかけ、トイレットペーパーでふき掃除。日中、子どもがトイレを汚してしまったら同じように掃除します。便器裏など、こまかいところに汚れがたまっていたら、つまようじや粘土のヘラを使って汚れを除去。

2 便器の中にBのクエン酸と重曹をふりかけ、先端が使い捨てのトイレブラシ「シャット」でこすり洗い。シャットのつけ替えブラシは、毎日使う私にとって少し高めなので、トイレ用の流せるウェットシートを2枚重ねてブラシサイズに折りたたんだものを使っています。保管はプラスチック密閉容器に。

掃除グッズは、トイレに入ってすぐ取り出せる場所にひとまとめに収納しています。

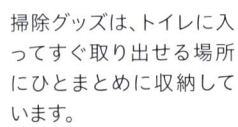

寝ている間にトイレの黄ばみ・黒ずみが
スッキリキレイになる週末の夜活

使っている洗剤

C 重曹 約200g

D オキシクリーン（付属のスプーン1杯）＋お湯（60度くらい 約1ℓ）

掃除

1 毎日のトイレ掃除が終わったあと、トイレタンクのふたを取りはずし、水がたまるところにCを入れる。そのまま翌朝まで放置して、朝トイレを使ったときに水を流す。トイレタンクの黒カビを放置しすぎると、便器の黒ずみの原因になります。

収納

2 便器の中にDを注ぎ入れる。液がかからないところは、ブラシでかけ、便器のふちはトイレットペーパーに液をしみ込ませて湿布。作業中は換気することを忘れずに。ここも朝まで放置して1と一緒に流して完了。翌日の日曜日の朝は、トイレ掃除が1回サボれます（笑）。

料理

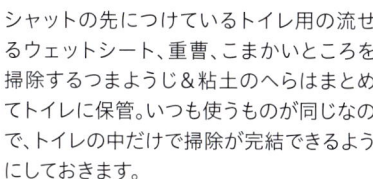
シャットの先につけているトイレ用の流せるウェットシート、重曹、こまかいところを掃除するつまようじ＆粘土のへらはまとめてトイレに保管。いつも使うものが同じなので、トイレの中だけで掃除が完結できるようにしておきます。

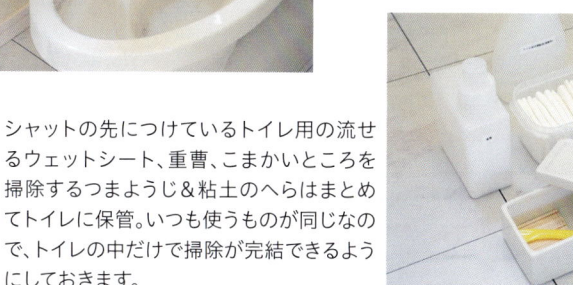

置く場所がなかったら
つるして収納すればいい！

おふろのシャンプーボトルは置いておくとヌルヌルする、

2畳ほどの洗面所にハンガーを置く場所なんてない。

そんな悩みはつるす収納で解決！

"つるす"は収納場所がなくてもできて、

探しやすく、片づけもしやすいのでオススメです。

ごちゃつき感がないように、

見た目がシンプルな道具を選ぶこともポイント。

IKEA

Seria

● 掃除グッズ

床掃除に使うフローリングワイパーやモップ、電解水が入ったスプレーボトル、靴洗い用ブラシなど、掃除グッズはここにまとめてつり下げ収納。

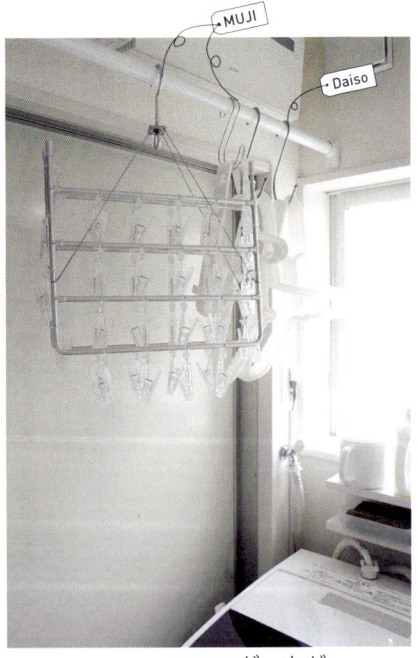

MUJI

Daiso

● ハンガーなど

洗濯に使うものは、洗濯機の上のつっぱり棒につり下げています。ここでハンガーにかけてから外の物干しざおに移動。

掃除

収納

料理

- Daiso
- Seria
- IKEA
- MUJI

● シャンプー類

大人と子どもそれぞれのシャンプーボトル、洗顔料などをカゴに収納し、S字フックでつり下げています。カゴは底も網目状になっていて水ぎれがいい！

● いすと洗面器
● スプレーボトル

いすや洗面器は、つり下げられるものをセレクト。引っかけているS字フックは回転式で扱いやすいところがお気に入り！　スプレーボトルは棚に引っかけています。

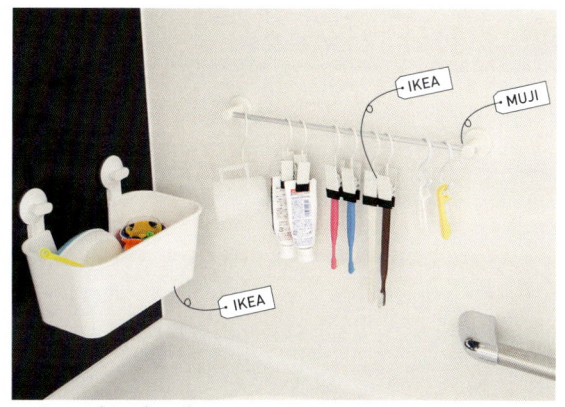

- IKEA
- MUJI
- IKEA

● 歯みがきグッズ
● 子どものおもちゃ

子どもは自分みがきをおふろでするので、クリップで留めた歯ブラシを、タオルバーにつり下げています。子どものおもちゃのカゴは下に穴があいていて、強力な吸盤でくっつきます。

よく使うものには
定位置があるといい

・MUJI

・Seria

洗面台横の小さな飾り棚には、

バスソルトケースに詰め替えた重曹、クエン酸、酸素系漂白剤と

液体洗濯石けん、

野田琺瑯の取っ手つきケースに入れた洗濯ネットを。

この棚の下にはケースを引き出しのように使って、

コンタクトをはずしたときに使うメガネと、

洗面台掃除で使う

マイクロファイバークロスを収納しています。

粉洗剤のつめ替え
はクリアファイルを
クルッと丸めて。

POINT

・MUJI

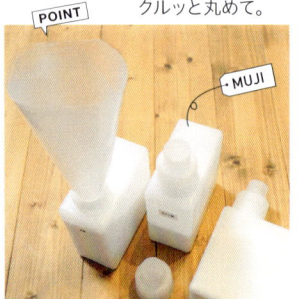

洗面所の歯ブラシは
ファイルボックスに

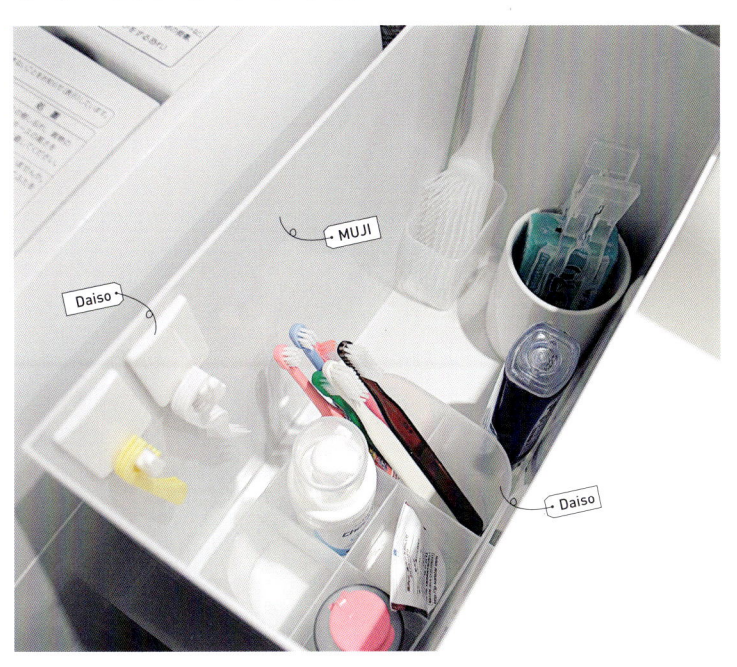

歯ブラシの収納場所を質問されることが多いのですが、
わが家の洗面台には鏡裏収納がないので、
ファイルボックスにまとめて
洗面台のすぐ横に置いています。

すぐ上に窓があり風通しがいいので歯ブラシの収納にピッタリ！

1

Daiso

歯ブラシや洗剤などのストックは、クリアボックスに
両面テープ製の取っ手（ピタッコ粘着フック）を
つけて取っ手代わりにしています。
ひと目で中身がわかるよう、
何が入っているかをラベリング。
ふだんはロールスクリーンで目隠ししています。

Seria

CHECK
ピタッコ粘着フック
透明でしっかり接着し、キレイに
取りはずせるので、家じゅうで使
っています。詳しくはp.105へ。

家事ぐせ 35

日用品のストックは
ラベリングで重複買いを防止

掃除

収納

料理

買い物に行くときは、
買うものを書いた付箋を
カートにペタリ。
日用品の管理を流れですることで、
重複買いや買い忘れを
防止することができるんです。

歯みがき粉や石けんなど、
新しいものをおろして
買い足しが必要なときは、
洗面所を出てすぐの冷蔵庫横にある
付箋にメモ。
パパも書き込んでくれています。

洗剤などの重たい
ストックは下段に収納

重たい洗剤類のストックは洗面台
下に収納しています。重曹などの粉
類は密封できる袋に入っているの
で、そのままブックスタンドにイン。
電解水やドーバーパストリーゼなど
はボトルごと収納しています。

36 ドーバーパストリーゼを「シュッ」で ピンクカビにさようなら

おふろのぬめりやすい場所（わが家は排水口のまわりと水受けカウンターの裏、浴槽のふたの裏など）には、おふろ上がりにドーバーパストリーゼを吹きかけておくだけで、カビが防止できます。

37 小さな換気扇には＋フィルターで 掃除が格段にラクになる

Daiso

換気扇には、はさみで切ってサイズを調節できる専用のフィルターをつけています。付属の面ファスナーを貼りつけておけば、取りつけも交換もラク。汚れたらフィルターを交換するついでに虫よけをかねて、ハッカ油入りの電解水でふき掃除。内部のファン掃除には子ども用の歯ブラシが最適。

38 タオルはサイズと色を統一して見える収納

ベルメゾン「速乾ふんわりタオル」の
フェイスタオルサイズをおふろ上が
りも、洗面所でも使っています。
出し入れが頻繁なタオルは、あえて
見せる収納がラク。タオルは毎年年
末にすべて入れ替えし、古いものは
ウエスとして再利用します。

39 メイクグッズは立てれば
見やすい＆取り出しやすい

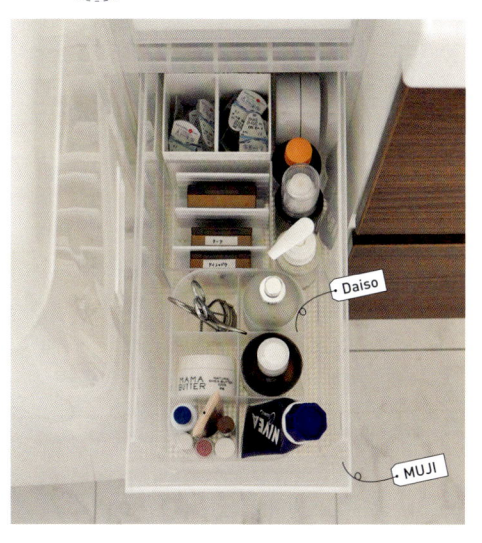

メイクグッズはここに入る量しか持
たないと決めているので少なめ。
ポーチに入れておくとどこに行った
かわからなくなることも多いので、引
き出しに仕切りケースを入れて立て
て収納しています。

・Daiso

・MUJI

掃除 　p.64

収納 　p.74

LIVING

暮らしの「今大切にしたい時間」をかなえる場所

新婚期、子育て期、老後など、
リビングは家族のライフステージに合わせて
「それぞれが今、大切にしたい時間」が
心地よくかなえられる空間でありたいです。

現在子育て真っ最中のわが家は、リビングが
家族や友だちとの団らんの場、遊びの場、学びの場。
また、子育てのうれしさや、ときに大変さを
子どもが寝静まってから夫婦で会話する場でもあります。
ソファにゆっくり座ってテレビを観賞したり、
読書をして自分の時間に癒やされたり、
いつも家族の中心にある場所です。

マイクロファイバー
ハンディモップ

ハンディモップ
2分

オーディオ類は黒いものが多いので
ホコリが目立ちます。
まずはハンディモップで棚の上や
オーディオ類、ブラインドのホコリ落とし。

家事ぐせ  40

おさよさんの
朝リビング掃除
10分

パパと息子を見送ったら
リビング掃除を開始！
娘の幼稚園の送り時間までに
ササッと終わらせておきます。
これをしておけば、
帰宅後に何もしなくても
気持ちよく過ごすことが
できるんです。

週末は手でふき掃除

毎日の掃除は手軽なフローリングワイ
パーが便利ですが、週に1回だけでも
手でふくと、こまかいところの汚れが
取れて、気分もサッパリします。

掃除

収納

料理

アルミ伸縮式ポール
＋
フローリングモップ用モップ（水拭き）

マキタ 充電式クリーナー
CL100DW

水ぶき
5分

掃除機
3分

最後に床に電解水（p.99参照）をスプレーして
全体をササッとふきます。
使い捨てのシートよりも
マイクロファイバーのモップのほうが、
しっかり汚れが取れて気持ちがいい！

次にリビング、玄関、洗面所を
3分ほど掃除機がけ。
マキタのクリーナーはコードレスとは
思えないくらい強力な吸引力と、
フックに引っかけて収納できるところが◎。

立ったまま、少しの力で
ラクして窓掃除

・Seria

・MUJI

立ったりしゃがんだりしながら、ぞうきんで窓掃除をするのは
結構な重労働……。
そこで、床の水ぶきでも使っているアルミ伸縮式ポールに
マイクロファイバーぞうきん（乾いたもの）をつけて、
ドーバーパストリーゼをスプレーしながら窓掃除。

立ったままの姿勢がキープできてラクなうえに、
高い場所にある窓もピカピカに仕上がります。

手作り
スプレーで
結露防止

粉石けん（または石けんをおろし器でけずったもの）小さじ1を50
㎖のお湯で溶かし、ドーバーパストリーゼ150㎖に精油（ティーツ
リーかハッカ油）を10滴入れた液を加え、スプレー容器に入れま
す。これを窓にスプレーし、乾いた布でふいて結露を防止。子ども
がさわっても安心な成分です。

コーキングの汚れには
ウタマロ石けん＋歯ブラシ

1 ここについているゴム
のようなものがコーキング

ここ全体が
巾木（はばき）

床と壁の境目にあるコーキングは、
こまかいところだけど意外と汚れが気になる部分。
水をつけた歯ブラシに**ウタマロ石けん**をつけて、
コーキングをやさしくこすり、
水にぬらしてかたく絞ったウエスなどで
ていねいにふき取れば真っ白になります。
巾木（はばき）の上のホコリを取るときは、
乾いた歯ブラシをスーッと滑らせるだけでOK。

← MUJI

CHECK
ウタマロ石けん

使う分だけパッケージをはがし、
大きめの洗濯ばさみではさんで
立てて乾燥。乾いてから陶器のデ
ィッシュトレーに置いています。

使わなくなった古布は
ウエスとして再利用してから捨てる

毎年1回買い替えているタオルや、着られなくなった洋服などは

はさみで切って、ウエス（ふき掃除用の使い捨て布）として再利用します。

キッチンやバスルームなど、

使う場所にそれぞれ置いておくと便利！

タオルなどをザクザクはさみでカット。
使う場所によって大きさを変えてもOK。

掃除

収納

料理

● シンク

シンク横の引き出しには、シンクの中をクレンザーで掃除するとき用のウエスを。

Seria

● 油汚れ用

揚げ物などをしたあと、飛び散った油をサッとふくためにコンロ横の引き出しにスタンバイ。

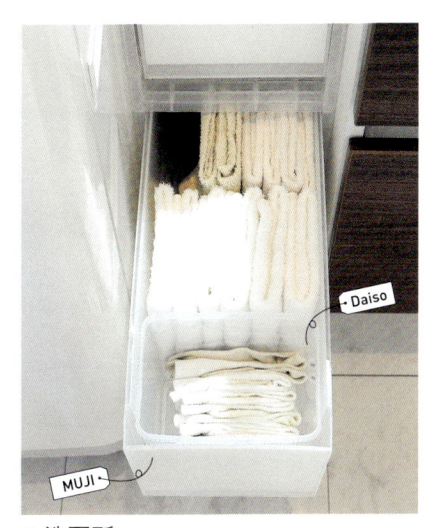

Daiso

MUJI

● 洗面所

洗面所用のウエスはメイク道具を入れている引き出しの下に収納。洗濯機の中などのこまかい場所は、使い古した子どもの靴下を腕にはめて掃除しているので、その靴下も一緒に。

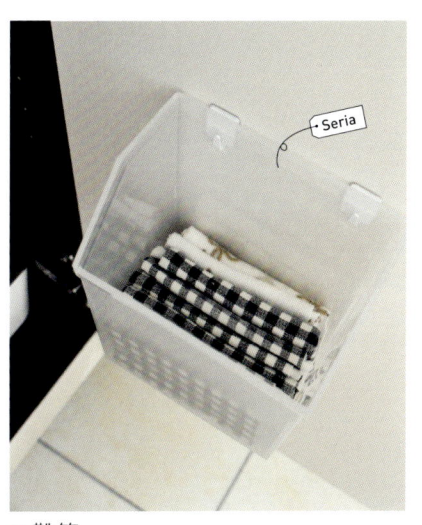

Seria

● 靴箱

靴をみがいたり、靴箱の上をふいたりするためのウエスを靴箱にも。靴箱の扉の内側にボックスをつけて収納。

掃除グッズは「持っていく」じゃなく「置いておく」

IKEA

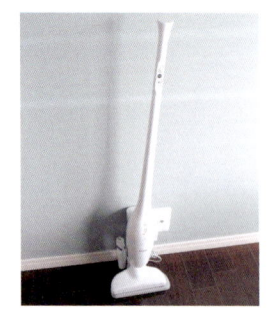

1階で使っているものと同じフローリングワイパーとシートもセットで常備。

掃除グッズを置いてある場所から
離れている2階の寝室。
ふと2階の棚上のホコリが気になった、
布団を干そうと思ったら手すりが汚れていた、
なんてことがよくあります。

わざわざ1階の掃除グッズを取りに行かなくても、
サッとふいて捨てるだけのウエスと電解水を
2階に置いておけば、
気になったらすぐに掃除ができてスッキリします!

アイリスオーヤマのハンディ掃除機
は2階専用。

リビングに飾るものは
あえて手入れが必要な植物を

掃除

収納

料理

日に当てたり水を替えたり、手入れが必要な植物は、
一見面倒ですが、頻繁に動かすぶん、
キレイを持続しやすいんです。

かわいい置き物もいいけれど、季節の花を活けて飾るだけで
「部屋を掃除しよう！」「キレイを保とう！」と、
やる気が出ます。

● 衣類用防虫剤

重曹 100g
＋**精油**（ラベンダーやレモングラス）
50滴

重曹に精油をたらしてスプーンで混ぜ、お茶パックに入れて適当に縫った布の袋に入れるだけ！　わざわざ袋を作らなくても、お茶パックを布で包み、口をひもで結ぶだけでも十分。子ども用にはラベンダー、大人用にはレモングラスの精油を使っています。交換は3カ月に1回のペースで。交換後は捨てずにほかの掃除に使います。

● 靴用除湿消臭剤

重曹 100g
＋**いり塩 50g**
＋**精油**（ティーツリーやハッカ油）**50滴**

衣類用防虫剤同様、すべての材料を混ぜ合わせ、お茶パックに入れて布袋で包みます。

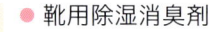

毎日の
消臭対策に

ドーバーパストリーゼのボトルに直接精油（ティーツリーやハッカ油）を80滴くらい加えたものを靴にスプレー。週1回の靴箱のふき掃除や玄関の虫よけ対策にも使っています。

家事
ぐせ
46

アロマディフューザーや防虫剤、自分でカンタンに作れます

市販の消臭剤はにおいがきつかったり、子どもがいる家庭では安全性が気になったり。手作りなら安心して使えてコスパも◎。意外とカンタンに作れるところもポイントです。

掃除

収納

料理

ラタンスティック

IKEA

MUJI

● アロマディフューザー

ドーバーパストリーゼ 30㎖
＋お好みの精油 60滴

びんにドーバーパストリーゼと精油を入れて、ラタンスティックを立てるだけ。香りは自分の好きなアロマオイルでアレンジできます。ラタンスティックは竹串で代用できますが、ラタンスティックを使ったほうが、より香りが広がるような気がします。楽天でまとめ買いするとおトク！

● 虫よけスプレー

ドーバーパストリーゼ 10㎖
＋ハッカ油 30滴
＋水道水 90㎖

手作りした虫よけスプレーはボトルに入れて、リビングやバッグの中に常備。肌にシュッとするほか、網戸や玄関にスプレーして虫の侵入をシャットアウト。

● 消臭・除菌スプレー

ドーバーパストリーゼ 40㎖
＋お好みの精油 70滴
＋クエン酸 15g
＋水道水 250㎖

消臭＆除菌効果があるスプレーは、布団掃除機をかけたあとにシュッとひと吹き。市販の布用除菌消臭スプレー代わりに使っています。好きな香りで作れるところがうれしい。

半月〜1カ月で使い切るので、スプレーボトルに材料をラベリングして補充しやすく。

家事ぐせ 47

0.5畳でスッキリ！
リビングを散らかさない収納

リビングにある小さな収納内には、部屋に散らかりがちなものが
全部詰まっています。
あまり使わないものは上段にするなど、空間をいくつかに仕切って使用。

7
白いボックスにはハンカチ＆ティッシュを。書類ケースには学校の一時保管書類（左）、学校以外の一時保管書類（右）を。

8
ポリプロピレン収納ケースには、裁縫箱など子どもにとって危険なもの（上）、夫婦のパジャマ（上中）、娘の着替え＆幼稚園グッズ（下中）、息子と娘のパジャマ（下）を。上のボックスには幼稚園のリュックを。

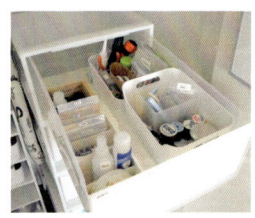

針や電池などの危険物は引き出しの上段が定位置。

● は兄、● は妹のパジャマ
● ● はダイソーの光沢プリントシール用紙で作成。

4
4ロール入りキッチンペーパーのストック。使うものはキッチンに出し、残りの3つをここに保管。

5
娘の制服と帽子はここに。

6
ブリ材バスケットには薬（左）、アイロン待ち衣類（右）、クリアボックスには筆記用具を。

薬は箱から出しコンパクトに収納。薬の説明書も一緒にイン。

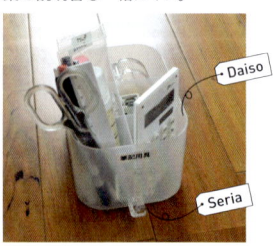

Daiso

Seria

クリアボックスに透明のフックをつければ、取り出しやすく、持ち運びもラク。

1
一番上のファイルボックスにはウェットシートやマスク、ゴミ袋、箱ティッシュ、ピクニック用品などを。

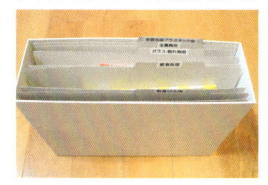

資源用ゴミ袋は種類ごとにラベリング。

2
折りたたみボックス（SKUBB）には小麦粘土のストックやトランプ、風船などを。学校から急に持ってくるように言われることがある工作グッズや、子どもの遊びに使えそうな廃材もここに保管。

3
子どもたちは今手紙を書くことがブーム！　よく書いてくれるので、ここに一時保管。

9

コードレス掃除機、掃除機のフィルター、アロマミストはポールに引っかけて。

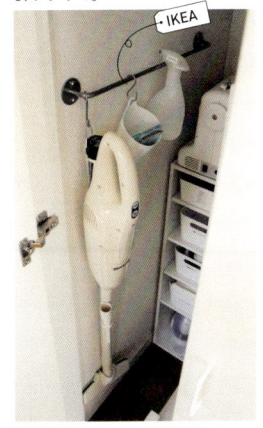

10

スリムカラーボックスには上から母子健康手帳、一眼レフカメラ、衣類用のお手入れグッズ、ティッシュのストック、アイロン。

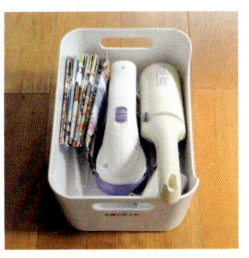

毛玉取り機などの衣類用お手入れグッズは、ボックスにひとまとめ。洗濯物をたたむとき、横に置いておけばお手入れがラク。

11

奥行きがあるアイリスオーヤマの棚には、奥に圧力鍋、手前にホットプレートを。

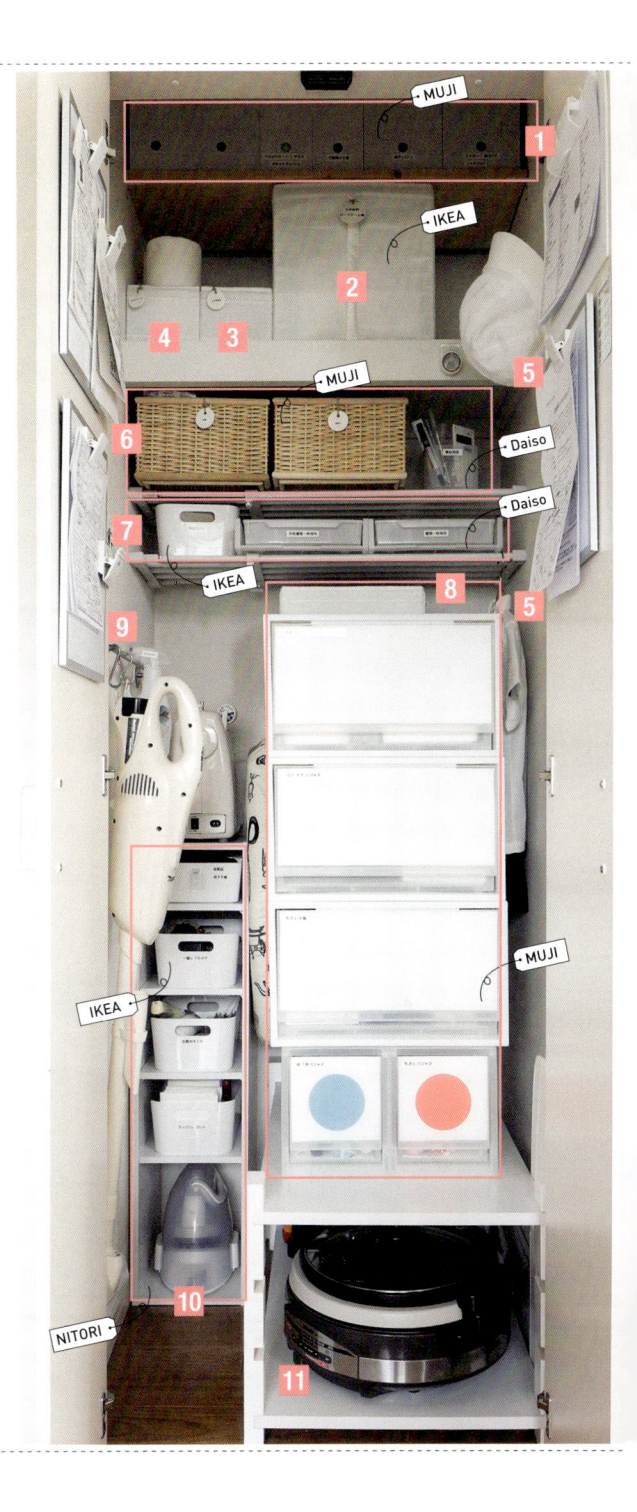

学校からのプリント類は
締め切り別に３カ所に分別

幼稚園、小学校、町内会などの書類は、
ルールを作って分別すると散らかりません。
わが家では、「今週のもの」「今週から先」「１年保存」と
締め切りごとに３つの定位置を準備して、もらったらすぐに分別します。

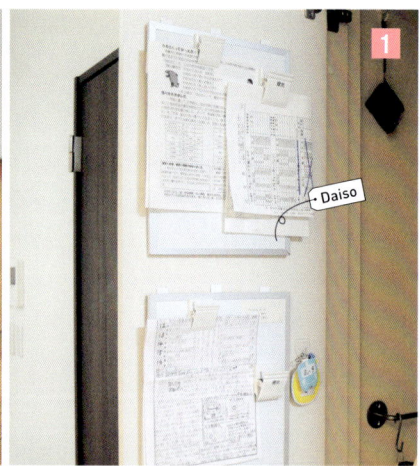

MUJI・

・Daiso

3

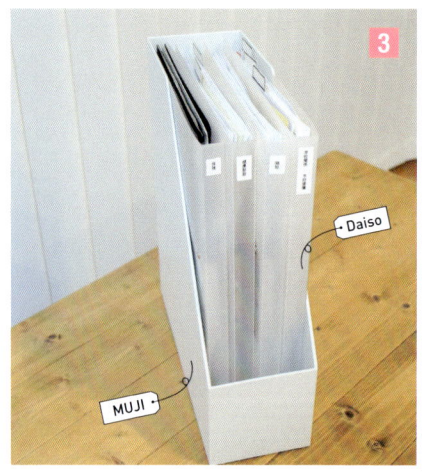

・Daiso

1

1 今週のもの。ここに貼ったもの
は基本的に週末には処分。

2 今週から先のもの。引き出し式
のボックスに入れて、ワンアクシ
ョンで確認できるように。

3 １年間保管する学校の連絡網
や薬の依頼書などは、バインダ
ーファイルにまとめ、インデック
スシールを貼って探しやすく。
見る頻度が低いのでテレビボー
ドの中に収納。

・Daiso

2

目に入りやすい場所に
一時置きスペースを作る

掃除

収納

料理

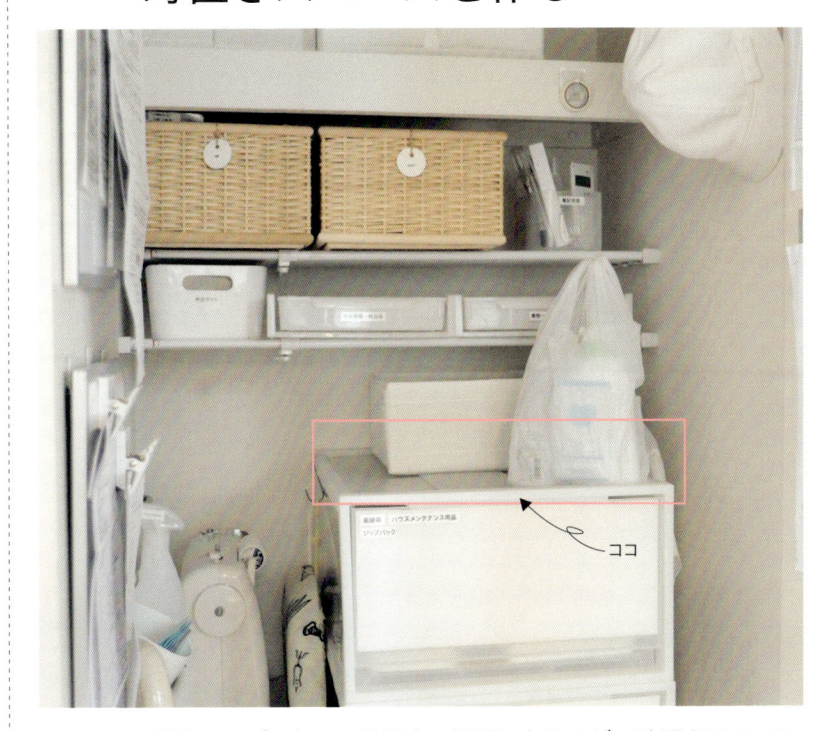

ココ

0.5畳クローゼットで一番目立つ場所にあるのが一時置きスペース。
返却しなきゃいけないものや、次の日子どもに持たせるもの、
床に置いてしまいがちな買い物袋などを一時的に置いています。

小さいスペースですが、この場所があるだけで部屋の散らかり防止に。
一時置きスペースが広すぎると、
逆にそこが散らかることにもなりうるので要注意！

充電器や電源コードはテレビ下にまとめて、見た目スッキリ！

充電器類はクリアボックスを仕切って、
電源タップはファイルボックスに入れて、テレビボード内に収納。
どこのコードかがひと目でわかるようにラベリングしておきます。
使わないときに電源をOFFにできる電源タップを使えば、節電にも！

充電器類

Daiso

MUJI

カメラなどの充電器もテレビボード内に。
クリアボックスを仕切りで区切って探しや
すく。本体にラベリングすれば何の充電器
かがすぐにわかります。

掃除

収納

料理

電源タップ

・MUJI

ファイルボックスを寝かせるように使って
電源タップカバーに。

掃除機充電

電源タップ

電源タップが入っているファイルボッ
クスの上で掃除機の充電も。扉がある
テレビボード内で充電すれば、充電中
も部屋がスッキリ見えて◎。

・Seria

長いコードがからまらないよう、コードテ
ープでひとまとめに。

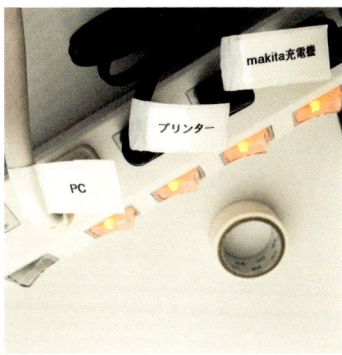

makita充電機

プリンター

PC

マスキングテープをコードに巻きつけてラ
ベリング。

 家事ぐせ **51**

ソファで使うものは
ソファまわりに置いて取りやすく

ソファの上の飾り棚や下の収納ボックスには、
このまわりで使うものを置いています。

掃除

収納

料理

1

飾り棚に置いたツールスタンドには体温計や爪切り、耳かき、ピンセットなどのケアグッズと、携帯電話の充電器を入れています。
上段のボックスにはリモコン類を。横に日めくりカレンダーを。

NITORI

MUJI

NITORI

MUJI

NITORI

2

ブリ材バスケットとプラスチックケースをソファ下に。その横には折りたたみができるYAMAZENのサイドテーブルを。

MUJI

NITORI

おむつセット

読みかけの本や雑誌

お絵かきセットや折り紙など

小麦粉粘土セット

引っかける場所を作ると
テーブルが散らからない

ダイニングテーブルの脇につっぱり棒をして、よく使うものを
引っかけておけば、"テーブルの上に何もない状態"が
キープしやすくなります。
ネピアのウェットプラスにはタオルハンガーの粘着部分をつけて、
エコバッグには家計簿やメモ用ノートなどを、
ボックスにはサプリ類を入れてつり下げています。

• Daiso

ここをウェットティッシュケースにつけて

ここは取りは
ずし可能。

2 タオルハンガーの粘着部分を分解し、ウェットティッシュのケースにペタリ。粘着力が強く、つり下げるのにもってこい！

• Seria

• IKEA

1 飲み忘れたくないサプリメント、飲む頻度が高い頭痛薬はボックスにまとめてフックでつり下げ。

そのほか、
こまごましたものは
こうやって収納

Daiso

● 文房具ストック

つい買いすぎてしまう文房具
のストックは、アイテムごとに
定位置を設定。ないものがひ
と目でわかるように管理すれ
ば、買い足しもスムーズです。

● ラベルライター

ラベリングに必須のラベルラ
イターはブラザーのものを愛
用。テープやインクの定位置
を決めて、取り出しやすく、探
しやすく収納しています。

● アウター類

子どもたちのアウターや水筒
ホルダーは、タオルハンガー
にハンガーやS字フックでつ
り下げ収納。

玄関  p.86

家族やお客さまを出迎える玄関は、

スッキリ気持ちがいい場所でありたいもの。それと同時に、

出かけるときに必要なものをスッキリ収納したい場所です。

クローゼット p.88

決してたくさん持っているわけではないけれど、

お気に入りで愛着があるものがギュッと詰まっているクローゼット。

ワードローブがひと目でわかるように収納するのがポイントです。

子ども部屋 p.94

おもちゃと思い出グッズは、子ども部屋収納で悩むポイント。

おもちゃは子どもが自分で片づけられるように、

思い出グッズは親も子も納得できる形で残せるように、

工夫しています。

chapter4

OTHER

必要なものを
必要な場所に収納して
暮らしやすく

バッグは玄関にかけておく

毎日使うバッグは、床に置いておくと部屋が散らかって見える原因に！
いつも持っていくものを中に入れたまま、玄関につけたフックにかけておきます。

**外遊び用のグッズを
大きめバッグにひとまとめ**

マリメッコの大きめトートバッグには、
縄跳びやレジャーシート、
シャボン玉などの遊び道具をギュギュッと。
公園に行くときは、このバッグごと持っていきます。

家事ぐせ **56**

靴箱の内側に
サンダル用フックを

夏場やちょっと近所まで行くときに
はく子どものサンダルは、
トビラの裏にフックをつけて
つり下げ収納しています。
取り出しやすいし、
スペースの節約にも！

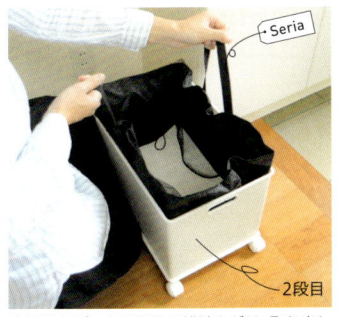

古紙回収ボックス行きの雑誌などは、取り出し
やすいように内袋をつけて保管。

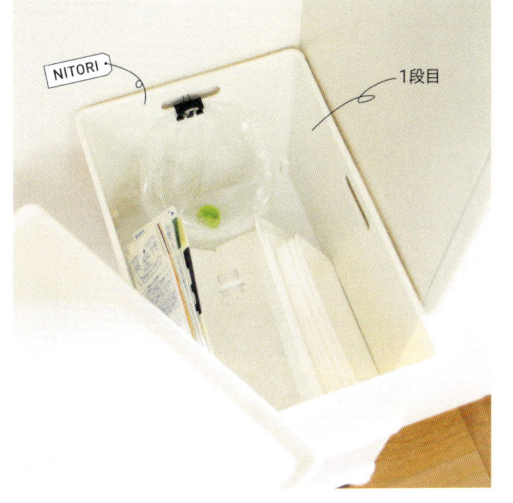

家事ぐせ **57**

持ち出しやすい玄関が資源ゴミの定位置。
出し忘れ防止にも！

資源ゴミはスタッキングできるボックスに。
1段目には牛乳パック類、2段目には古紙を入れて玄関に置いています。
たまったら近所のスーパーの回収ボックスに持っていくので、持ち出しやすい
玄関に置くのが◎。出し忘れてもわざわざキッチンに戻る手間が省けます。

家事
ぐせ **58**

オンシーズンの服や小物は
"ひと目でわかる"棚収納

カットソーやニットはたたんで、
アウターやワンピース、ボトムはハンガーにかけて収納しています。
タイツや靴下などのこまごましたものは、何がどのくらいあるかが
パッと見てわかるように、小さいボックスで管理。

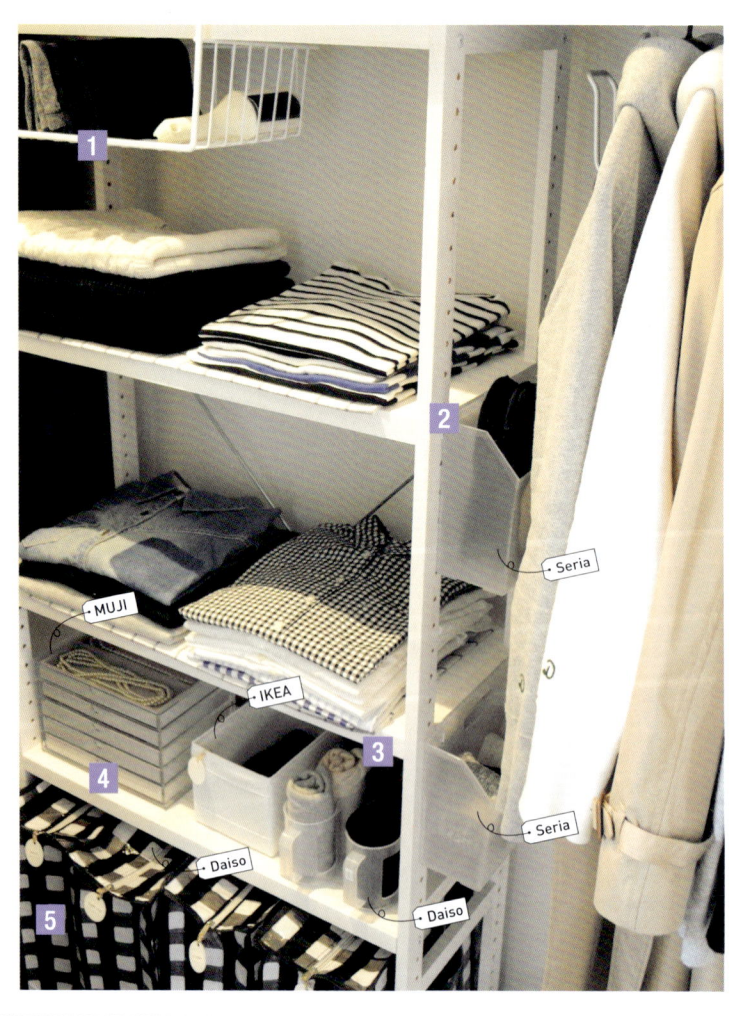

掃除

収納

料理

4 アクセサリー

> よく使う
> アクセサリーは
> 玄関に

冠婚葬祭用など、特別な日のアクセサリーはクローゼットに。ふだん用のアクセサリーは、玄関の鏡つき棚に置いています。

1 レギンス

3coinsのつり下げラックにレギンスを立てて収納。

5 バッグ

トートやショルダーなど、ざっくり種類分けしてナイロントートバッグの中へ。ラベリングも忘れずに。

2 靴下

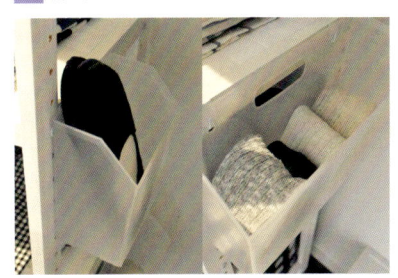

フットカバーは、買ったときについている厚紙をそのままつけてボックスへ。その他の靴下はたたんでIN。

POINT
オフシーズンの洋服は
引き出しにまとめて

オフシーズンの洋服はたたんで、手作り防虫剤と一緒に引き出しに収納しています。

3 タイツやタンクトップ

缶が4つ入る冷蔵庫用の収納グッズに、タイツやタンクトップを丸めて入れています。

靴下やハンカチは
クルッと丸めてポイポイ収納

折りたたみボックスSKUBBの中に、
丸めてたたんだ靴下やハンカチをポイポイ収納しています。
バラバラにならないたたみ方だからこそできる収納法。
片づけは子どもに自分でしてもらっています。

ティッシュ

IKEA

靴下

ハンカチ

使いかけのティッシュ

● ハンカチ

4つに折る。

さらに半分に折る。

3等分に折り、上の口に下の口を入れる。

完成！

● 靴下

靴下を重ねる。

はき口を折る。

つま先をはき口に入れる。

完成！

どうしよう？と迷ったときは
見直しボックスへ

「最近着てないけど、捨てるのは……」と悩む洋服は、
思ったらすぐ、この見直しボックスに入れ、本当に必要なかったら手放します。
増えやすいもの（わが家なら洋服、キッチングッズ、おもちゃ類）の近くに
見直しボックスを置いておくと、見直しがスムーズ。
保管期限を1年に決めて、
入れた日付をマスキングテープで記入しておくと判断しやすくなります。

1
洋服の見直しボックス。

2
キッチングッズの見直しボックス。
手放すか迷っている製菓グッズや
かわいいトレーなど。

3
子ども部屋にある見直しボックス。
おもちゃや絵本など。

バッグの中身は
メッシュポーチでざっくり分別

バッグの中が散らからず、必要なものを探しやすいメッシュポーチ。
中身が見えるので、
パパでもどこに何が入っているかわかりやすいと好評！

水筒　　エコバッグ

財布

コスメポーチ

子どものおやつ

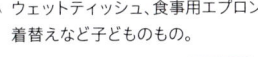

ウェットティッシュ、食事用エプロン、
着替えなど子どものもの。

日焼け止め、iPhone充電器、
キーケースなど自分のもの。

バッグの中身が
散らかりません！

子どもが自分で片づけられる収納法

おもちゃや絵本は2階にある子ども部屋に。

うちの子どもたち（7才と4才）の集中力は持続して15分。

その間に片づけられないようなら、子どもと相談して

おもちゃの量を見直しています。

見直すおもちゃはp.92の見直しボックスへ。

● ディッシュラック本棚

木製ディッシュラックをカラーボックスに固定し、本を立てて置いています。ディッシュラックは木の棒を取りはずせば、間隔を広くすることができるので、辞典のような分厚い本もOK。パタッと本が倒れず自立するので、取り出しも片づけも上手にできるようになりました。子どもには「背の高い絵本から順番に、本のお部屋に戻してあげてね」と伝えています。

掃除

収納

料理

● 1アクションおもちゃ箱

カラーボックスを横にして中段に1段板を足してDIYしたおもちゃ箱。取っ手つきコロコロケースには写真でラベリング。おもちゃは種類別にまとめたほうが、遊びやすく、片づけやすい。

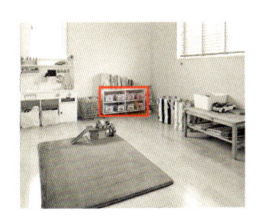

● 1人1個ボックス

黒は兄、ベージュは妹のおもちゃ箱。1アクションおもちゃ箱以外のそれぞれのお気に入りはここへ。

● パズル用メッシュケース

ホームセンターで買ったメッシュケースにパズルを入れています。ピースがバラバラにならず、作りかけでもしまえます。パズルのサイズに合わせてB4とA4のケースにIN。

おさよさんの思い出の残し方

子どもたちが作った作品や描いた絵、お手紙など、
思い出の品は展示して楽しんだり、思い出として保管したり。
全部取っておいてあげたい気持ちはありますが、
ルールを決めて厳選しています。

ジッパーつき袋
を箱にIN。

● 1人1個の1年間保管ボックス

キャンドゥのA3サイズのジッパーつき袋に、
幼稚園などで作った作品を入れ、折りたたみ
ボックスのSKUBBに収納。1年に1袋とし
て、残したいものを厳選しています。

・IKEA

掃除

収納

料理

● 展示ボード

夫婦の寝室と息子の部屋にそれぞれ
展示ボードを設置。新しく展示したい
ものができたら、古いものは処分する
か保管ボックスへ。

**息子の
部屋**

**夫婦の
寝室**

● 持って撮影

展示できない立体のものや大きめの
ものは、子どもに持ってもらって記念
撮影。写真にすればその作品を作っ
た年齢も記録できる！

● 1人1箱の思い出ボックス

出産のときの思い出の品や通信簿、
幼稚園の連絡帳など、大人になったら
見せてあげたいものは1人1箱に保
管。思い出のベビー服は圧縮袋に入
れてコンパクトに。

重曹

ニチガの国産重曹を5 kgパックで購入しています。密閉できる袋に入って届くので、そのままファイルボックスに入れ、使う場所ごとに小分けにして保管。

MUJI

MUJI

使用例

フライパン
炒め物など、油を使ったフライパンにお湯を張り、小さじ2ほどふりかけておくと汚れがスルリと取れます。

洗濯
液体の洗濯石けんと一緒に入れています。防臭や黄ばみを落とす効果も。

キッチン掃除　p.20参照

トイレ　p.52、53参照

衣類　靴　p.72参照

電解水

楽天で「きれい水」という2ℓ入りの大容量ボトルをリピート。洗浄、除菌、消臭効果がある電解水は、希釈前に精油を20滴ほど加え、基本的に5倍に薄めてスプレーボトルに。

キッチン

作業台やIHクッキングヒーターなどにシュッとひとふきしてふきんでふき取ると、油汚れがすっきり。

棚やテーブル

棚やテーブルなど、ちょっと水ぶきしたいところには電解水が大活躍。界面活性剤を使っていないから、子どもがいる場所でも安心して使えます。

トイレ　p.52参照

換気扇　p.60参照

フローリング　p.65参照

酸素系漂白剤

コストコに売っているオキシクリーンを使っています。酸素系漂白剤と書かれているものなら何でもOK。

衣類

色がくすんできたときの漂白に。つけおきや、洗剤として洗濯機に入れて使っても。

外の掃除

60度くらいのお湯を洗面器いっぱいに入れ、付属のスプーン1杯ほどを溶かしたものをブラシなどにつけながら、ベランダや玄関、タイルデッキなどをこすり洗い。

換気扇　p.24参照

ふきんの除菌　p.26参照

おふろ　p.46参照

洗濯槽　p.50参照

トイレ　p.53参照

精油

常備しているのはティーツリー、レモン、ハッカ油。ハッカ油はドラッグストアで、ほかはネットショップで手軽な価格のものをまとめ買い。無印良品の超音波アロマディフューザーで香りを楽しむときにも使っています。

クエン酸

主に水まわりで使っているクエン酸は食品にも使えるものが安心。ニチガの無水クエン酸はダマになりにくく、使いまわしがきくので常にストックしています。

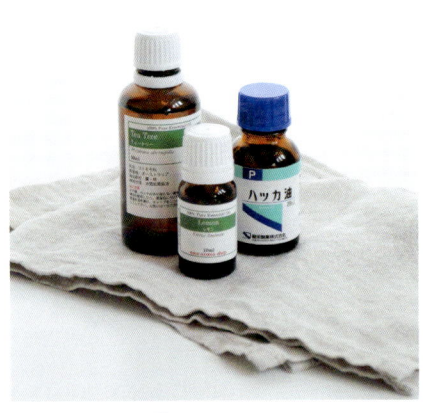

使用例

換気扇　p.60参照

防虫剤　除湿消臭剤
p.72参照

アロマディフューザー
虫よけスプレー
消臭・除菌スプレー
p.73参照

使用例

洗濯
洗濯物がやわらかく仕上がるので柔軟剤代わりに。30ℓの洗濯物に対して小さじ1のクエン酸を水に溶かし、洗濯機の柔軟剤ポケットに入れて使っています。

水栓　p.16参照

製氷機　p.25参照

トイレ　p.52参照

消臭・除菌スプレー　p.73参照

アルコールスプレー

クエン酸や重曹はどこのメーカーのものでもいいのですが、アルコールスプレーはいろいろ使ってみた結果、ドーバーパストリーゼがベストでした。除菌持続性が高く、食品にも使えるので、1本あると使いまわしがきいて便利！ 緑茶から抽出された高純度のカテキンが配合されているため、噴射口に茶色いシミができることがあるので、あえて白いスプレーボトルには入れ替えません。シンプルなデザインなので、このボトルのまま使ってもインテリアになじみます。

使用例

おふろ
カビが発生しそうなところにひと吹き。
p.60参照

アルコールとして
アロマディフューザーなどでは
アルコールとして代用可能。
p.73参照

キッチン
水栓みがき、スポンジ除菌、常備菜や果物、
野菜などに使用
p.16、22参照

鏡、ガラス
手アカがピカピカに。
p.48、66参照

おすすめグッズ8

② 生ゴミポット

ホームステッドのスクエアキャニスターに生ゴミをためて、1日の終わりに煮沸消毒。ホーローだから、直火にかけられて便利！

① スポンジ

毎月1日に交換するサンセブンのサンサンスポンジは、楽天で4個セットを購入し、半分に切って使用。泡ぎれもよく、すぐにへたりません。

⑥ ソープトレー

フローのソープトレーは楽天で約600円。石けんを水平に置けて滑らず、斜面で水きりもできます。シリコン製だからサッと洗える！

⑤ 食事用トレー

大は兄、小は妹の食事をのせているトレーは楽天で。このトレーのおかげで、テーブルに食べこぼしがなく、食後の掃除を時短できています。両面に滑り止めがついているところも◎。

④ ブラシ

ギュッギュッと力を入れておふろの床をみがけるブラシ(左)と、握りやすく内側もくまなく洗える靴用ブラシ(右)はセリアのもの。

③ マイクロファイバー雑巾

ダイソーで3枚セットの雑巾は、丈夫で水ぎれがよく、掃除がはかどります。真っ白だから、漂白できて清潔さを保てます。

⑧ 粉洗剤容器

実はこれ、セリアの冷凍ねぎ用の容器なんです。重曹など、キッチンで使う粉洗剤はすべてこれに詰め替え。ふりかけやすくてお気に入り!

⑦ 台所用石けん

手あれが少しでもよくなればと思い、使い始めた白雪の詩という無添加石けん。食器の油汚れがすっきり落ちます。食器だけでなくふきんや手も洗える万能石けん。

おすすめグッズ8

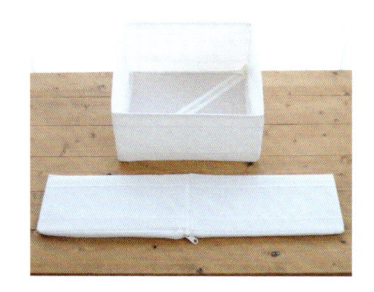

② 折りたたみ収納ボックス

IKEAのSKUBBシリーズは、折りたためて、サイズのバリエも豊富。たたんだ洗濯物を運ぶときや、部屋のさまざまな収納に使っています。

① ハンガークリップ

2個入り399円のIKEAのENUDDENというクリップ。はさむ部分に滑り止めがついているので、歯ブラシなどをはさんでも滑りません。

⑥ 突っ張り伸縮棚

平安伸銅の突っ張り伸縮棚は、ありそうで意外とない真っ白のシンプルなデザイン。0.5畳クローゼットの中に2つ使っています。

⑤ スタッキング収納ボックス

楽天で買えるファボーレヌーヴォのボックスはスタッキングができ、中身が見えません。スッキリした見た目で圧迫感がなくてお気に入り。

掃除

収納

料理

④ マグネットクリップ

ダイソーのマグネットクリップは、とにかく強力！ スプレーボトルを引っかけるのに使っていますが、ずり落ちたことがありません。

③ マグネットポケット

家族の誰かが体調不良のとき、病院でもらった薬などを入れておくセリアのポケットは、冷蔵庫の横にペタリ。使わないときはしまいます。

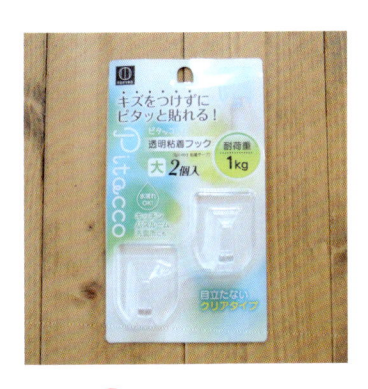

⑧ 粘着フック

収納ボックスの取っ手として使っているセリアのピタッコ粘着フック。粘着部分の着脱もカンタンで、悪目立ちしないデザインが◎。

⑦ 小物入れ

ソファ上の壁面収納に使っているニトリの整理スタンド。口が8.5cmの正方形で、携帯電話の充電器や爪切りなどを収納するのに最適。

料理　p.108

chapter 5

COOKING

毎日のごはんは
常備菜や冷凍おかずを活用して
無理なく手作り

家族の体の資本となるごはんは、なるべく手作りにこだわりたい。

とはいえ、毎日、毎食となると大変。

下の子はまだ小さく抱っこのことも多いので、疲れて作れないときや、

どうしても夕飯作りのやる気が出ないことがあります。

そんなときに助けてくれるのが、冷蔵室や冷凍室の常備菜やおかずたち。

休日や夕飯のついでに作ってストックしています。

でも、常備菜作りをすることで自分がつらくなっては本末転倒！

時間や必要なものなど、ルールを決めて作るようにしています。

サッと作れるスイーツも、家族に笑顔を与えてくれる大事な存在です。

運動会のお弁当はいつもより
気合が入ります。

冬になると毎年作る
土鍋おでん。

子どもたちの誕生日には
いちごのショートケーキを。

冷凍室にあると助かる
スタメンたち

しょうが、ねぎ、きのこなど、使い勝手がいい食材は、
それぞれ使いやすい大きさに切って冷凍保存しています。

そうしておくと"わざわざ切るのが面倒"なんてことが回避できたり、
料理にプラスすると風味が増したり、
彩りがよくなったり、いいことずくめ。
使い切る前に腐らせることもなくなります。

決して料理の主役ではないけれど、あると本当に助かる名脇役食材です。
急速冷凍しやすく、解凍もラクなので、
"平ら"にして保存することがポイント。

● きのこ
しめじ、えのき、まいたけは石づきを取り、ほ
ぐして保存袋へ。みそ汁やホイル焼き、炒飯
などに。

● みそ汁の具
油抜きした油揚げ、大根やにんじんなどの根
菜、小松菜などの葉ものを食べやすい大き
さに切って保存袋に入れ、使うときは凍った
ままだし汁の中へ。葉つきの大根やかぶも◎。

● 小口ねぎ

適当な大きさに切ってバットに広げ、キッチンペーパーで水けをきって容器へ。水けが残っているとパラパラにならないので注意。

● しょうが

輪切りとせん切りの2パターンに切り、1回分ずつラップで包んで保存袋へ。炒め物や煮込み料理に。

● しじみ・あさり

買ってきたら砂抜きして、水けをよくきり保存袋へ。みそ汁や酒蒸しなど、凍ったまますぐ調理できて便利。

● にんにく

薄皮をつけたまま、1かけずつほぐして、そのまま保存袋へ。凍ったまま、みじん切りやすりおろしも可能。

● 残り野菜

買い出しに行く前に冷蔵庫をチェックし、残っている野菜を全部みじん切りorフードプロセッサーで細かくカットし、ざっくり混ぜて冷凍。炒飯やスープはもちろん、ひき肉と混ぜてナゲットにしたり、ドレッシングを作ったり、野菜がムダなく使えます。

● ゆず皮

せん切りにしてキッチンペーパーの上に並べ、水けをきって保存袋へ。パウンドケーキに混ぜたり、あえ物に使います。

冷蔵庫からそのまま食卓へ
便利な朝食トレー

バタバタの朝食タイムを救ってくれるのが、
この朝食トレー。
ごはん派のわが家では、栄養も摂取できて、
子どもたちも食べやすい、
手作りふりかけが定番です。
ふりかけ4種類をのせたトレーは、食べるときに
そのまま食卓に出すだけなので、
準備に手間がかかりません。

前夜に、みそを溶かす前のところまで
準備したみそ汁、のり、
ヨーグルトとサラダをプラスすれば完成です！
私も席についてゆっくり食べることができます。

おさよファミリー の大好きふりかけ

2〜3日で食べ切ることがあれば、残ることも。もし食べ切れなさそうなときは、
ごはんと一緒に炒めて炒飯にすることもあります。
※保存はあくまでもわが家の基準ですが、冷蔵庫で3〜4日ほど。

子どもに人気♪　ごはんを食べないときの救世主
じゃがいもとじゃこマヨふりかけ

【材料】・じゃがいも…160g ・ちりめんじゃこ…
50g ・マヨネーズ…大さじ1 ・塩・こしょう…各少々 ・あ
おさ…適量
【作り方】❶じゃがいもはアク抜きをして細かい角切
りにし、ちりめんじゃこ、マヨネーズとともにフライパ
ンで炒める。　❷塩・こしょうで味つけをし、でき上が
ったら好みであおさをふりかけて完成。
※カレー味にしても子どもがよく食べました。その場
合、炒めるときにオリーブオイルを使い、カレー粉を大
さじ1加える。

高野豆腐でヘルシーにボリュームアップ！
高野豆腐と甘辛鶏そぼろふりかけ

【材料】・高野豆腐(水でもどす前)…60g ・鶏むね
ひき肉…150g ・青菜(なんでもOK)…60g ・ごま油
…ひと回し ・すりごま…大さじ1 ★(・砂糖…小さじ
3 ・酒…大さじ1 ・しょうゆ…大さじ2 ・みりん…大さ
じ1 ・すりおろししょうが…少々)
【作り方】❶高野豆腐は水でもどして、水けをよく絞
り細かく刻む。青菜はみじん切りにする。　❷フライパ
ンに①、ひき肉、すりごまを入れ、ごま油を回しかけて
ポロポロになるまで木ベラかゴムベラなどでよく炒め
る。　❸★をよく混ぜ合わせ、②に加える。

火を使わずにスピード調理！
わかめと桜えびのふりかけ

【材料】・わかめ…150g ・桜えび…5g ・すりごま
…小さじ1 ・いりごま…小さじ2 ・めんつゆ…大さじ
1 ・ごま油…小さじ2
【作り方】❶水でもどしたわかめを食べやすく切っ
て、材料すべてをボウルに入れて混ぜ合わせる。

簡単手作り！おにぎりの具にも最適
鮭フレーク

【材料】・塩鮭切り身…2切れ ・酒、みりん…各少々
・大葉…3枚 ・いりごま…小さじ2
【作り方】❶塩鮭を耐熱容器に入れ、酒とみりんを
振りかける。軽くラップをして、電子レンジ600Wで4
分ほど加熱(火がしっかり通るまで加熱時間は調
節)。　❷熱いうちに①をほぐし、骨と皮を取り除き、
刻んだ大葉といりごまを加えよく混ぜ合わせる。

夕食作りが面倒に感じたときは
冷凍主菜で乗り切る

天気が悪くて買い物に行けない……、

出かけていて夕食まで時間がない！ そんなときでも冷凍主菜があれば、

いつもどおりの食卓を作ることができます。

冷凍主菜は、常備菜と合わせて土・日に作ることもあれば、

日々の夕食作りのついでに＋1品作って冷凍することも。

2〜3回分を冷凍室にストックしておくと気持ちがラクになります。

味つけまでして冷凍しておくので、火を通すだけで完成。

あとはちょっとした副菜だけ作れば、

すぐに家族みんなで"いただきます"ができます。

おさよファミリー の大好き冷凍主菜

子どもにもパパにもウケがいいよう、ごはんが進む味つけにしています。
肉か魚をメインに野菜もたっぷりプラス。
※量は大人2人、子ども2人で食べ切れるくらい、保存はあくまでもわが家の基準ですが、冷凍室で1カ月ほどです。

安い牛肉もやわらかく食べられる
プルコギ

【材料】

牛薄切り肉…250g
玉ねぎ…1個
にんじん…1本
ピーマン…3個

★砂糖、コチュジャン…各大さじ1
★しょうゆ、酒…各大さじ2
★すりおろしにんにく…小さじ1
★片栗粉…小さじ1/2

ごま油、白ごま…各適量

【作り方】

❶牛薄切り肉は食べやすい大きさに切り、玉ねぎ、にんじん、ピーマンは細切りにする。
❷①と★を保存袋に入れ、よくもんで、肉や野菜に味をしみ込ませる。
❸②を平らにして空気を抜き、口を閉じて冷凍室へ。

【調理の仕方】

❶フライパンに油（分量外）を適量たらし、解凍か半解凍したプルコギを入れてふたをする。たまに菜箸で混ぜて焦げないように様子を見ながら火を通していく。
❷仕上げにごま油と白ごまを加えたらでき上がり。

掃除

収納

料理

【材料】

牛切り落とし肉…300ｇ
玉ねぎ…1個

★だしの粉（自家製を使用。だし
　の素なら半量でOK）…小さじ2
★しょうゆ…1/2カップ
★酒、みりん…各大さじ4
★きび砂糖…大さじ1
★はちみつ…大さじ1

【作り方】

❶牛肉をひと口大に切って
ほぐし、玉ねぎを薄切りに
する。
❷①と★を保存袋に入れ、
よくもんで、肉や野菜に味
をしみ込ませる。
❸②を平らにして空気を抜
き、口を閉じて冷凍室へ。

男子チームに人気のガッツリ丼
牛丼の素

【調理の仕方】

❶解凍か半解凍した牛丼の素と、
水1/2カップ（分量外）を鍋に入れ
て煮る。
❷紅しょうが、生卵、七味とうがら
しなどを好みでのせて完成。

【材料】

春巻きの皮…10枚
豚ひき肉…200ｇ
春雨…40ｇ
にんじん…1本
しいたけ…3個
にら…1/3束
しょうがチューブ…少々
片栗粉…適量

★砂糖、しょうゆ、酒、み
　りん、オイスターソー
　ス、ごま油、中華だし
　…各小さじ1
★すりごま…小さじ2
★水…40㎖

【作り方】

❶春雨は水でもどし、食べやすい長さ
に切る。にんじんと石づきを取ったし
いたけはせん切りにする。
❷フライパンに油（分量外）としょうが
を加え、熱して香りが出たところで豚ひ
き肉を入れ、木べらでほぐしながら火
を通す。
❸②ににんじんとしいたけ、2～3㎝に
切ったにらを加えて炒める。
❹③に春雨と★を加え、水分をとばす
ように炒めて、水溶き片栗粉でとろみ
をつける。
❺冷めてから具を春巻きの皮に包ん
で、1つずつラップで包み、保存袋に入
れて冷凍。

忙しい日も
ちょっと手のこんだ食卓に♥
春巻き

【調理の仕方】

❶冷凍庫から出し、冷凍のまま、ラッ
プを取りはずしてきつね色に揚げる。
最初は低温から、だんだんと温度を上
げていく。

【材料】

ぶり…6切れ

★しょうゆ、酒…各大さじ3
★みりん…大さじ1
★しょうが、にんにくチューブ
　…各小さじ1
★カレー粉…小さじ2

片栗粉…適量

【作り方】

❶ぶりは骨を取り除いてひと口大のそぎ切りにする。
❷①と★を保存袋に入れ、よくもんで平らにして空気を抜き、口を閉じて冷凍。

食欲をそそるカレーの香りがアクセント

ぶりのカレー竜田揚げ

【調理の仕方】

❶解凍して片栗粉をまぶし、中温の油（分量外）でカリッと揚げる。

【材料】

鶏もも肉…2枚
玉ねぎ…1個
しめじ…1/2袋

★トマト缶…1缶
★ケチャップ…大さじ2
★オイスターソース、オリーブオイル
　…各大さじ1
★鶏がらスープの素…小さじ2
★ローリエ…1枚
★にんにくチューブ…小さじ1
★スキムミルク…50g
★塩・こしょう…各少々

片栗粉…大さじ2

【作り方】

❶鶏肉はひと口大に切り、玉ねぎはスライスし、しめじは石づきを取る。
❷①と★を保存袋に入れ、よくもんで平らにして空気を抜き、口を閉じて冷凍。

アレンジしてもおいしく食べられる

チキンの
トマトクリーム煮込み

料理

【調理の仕方】

❶解凍か半解凍してフライパンで煮込む。
❷仕上げに水溶き片栗粉でとろみをつける。

そのまま食べるのはもちろん、余ったら翌日パンにのせてチーズをかけてピザトースト風にしても。仕上げの片栗粉でとろみをつけず、パスタソースにしてもおいしいです。

常備菜があるから
お弁当作りが苦にならない

前夜にお弁当のメニューを考えるのですが、
主菜は朝作り（夜のうちに仕込みをしておくことも）、
副菜はほとんどが常備菜。
お弁当用に作った主菜は、たまに夕食の副菜としても出すことがあります。

常備菜は週末にまとめて作りますが、
調理に時間をかけすぎると休みがつぶれてしまうし、
作りすぎても結局食べ切れないので、「どんなときに必要か」と目的を決め、
必要なものだけを、"1時間以内"に作るのがマイルール。
週の半ばにはストックが減ってくるので、
夕食作りの合間などに作って追加していくこともあります。

常備菜

常備菜

お弁当

この日のお弁当は主菜も常備菜だったので、即完成！　これは私のお弁当箱です。

掃除

収納

料理

夕食

冷凍主菜

常備菜

ある日の夕食。忙しい日も
家族そろって笑顔でいた
だきます。

おさよファミリーの**大好き常備菜**

家族から好評だったものは、冷蔵庫横のノートにレシピをメモしておいて、すぐ作れるように工夫。
献立がかぶらないように、何を作ったかもメモして、次の週の献立を考えています。

※保存はあくまでもわが家の基準ですが、冷蔵室で3〜4日ほど。

ブロック肉のボリューム感がカギ！
豚バラブロックの
肉みそ

【材料】
豚バラブロック…350g
青菜（なんでもOK）…60g
にんじん…50g

★酒…大さじ1
★みそ…大さじ2
★砂糖、しょうゆ…各小さじ1

【作り方】
❶豚バラブロックを粗みじん
切り、青菜とにんじんはみじん
切りにする。
❷フライパンに油（分量外）を
適量たらし、①を炒める。余分
な油はクッキングペーパーで
取り除く。
❸★をよく混ぜ合わせ、②に
入れて味つけする。

にんじん嫌いの人もペロリと完食!?
にんじんの
バジルマリネ

【材料】
にんじん…1本
玉ねぎ…1/2個

★バジルペースト…大さじ3
★粉チーズ…小さじ1
★オリーブ油…大さじ2
★塩・こしょう…各少々
★米酢…大さじ3

【作り方】
❶にんじんをピーラーで薄く
むき、15秒ほど熱湯でゆでる。
玉ねぎは細かくみじん切りに
し、どちらも水分をぎゅっと絞
ってよく水けをきる。
❷①に★を混ぜ合わせて、味
をなじませる。

コスパ◎！おつまみにもオススメ

鶏皮ときゅうりとにんじん
のポン酢ゴマあえ

お弁当といえば！の一番人気メニュー

ひじき
ミートボール

【材料】
鶏皮…約190ｇ
きゅうり…2本
にんじん…1/2本

★すりごま…大さじ3
★いりごま…大さじ2
★ポン酢…大さじ3

【作り方】
❶鶏皮は細切りにしてゆで、火が通ったらすぐに氷水で冷やし、水けを絞る。
❷きゅうりとにんじんをせん切りにして①と合わせ、★であえる

【材料】
乾燥ひじき…大さじ2
豚ひき肉…300ｇ
塩・こしょう…各少々
片栗粉…大さじ1
パン粉…大さじ3
牛乳…大さじ2

★ウスターソース…大さじ2
★みりん…大さじ1
★ケチャップ…大さじ6

【作り方】
❶豚ひき肉に塩・こしょうと片栗粉を混ぜて手でよく練り、パン粉、牛乳も加えてさらによく練る。水でもどしたひじきを加えて混ぜ合わせ、ひと口大に丸める。
❷★を小鍋に入れて煮立ったところで、①を入れてソースをからませ、火を通す。好みでパセリを散らしても。

料理

手作りのお菓子があると
家族はもっと笑顔になれる

子どもたちの毎日のおやつ、ママ友が集まるとき、
パパとのリラックスタイムなど、
手作りのお菓子があると、より充実した時間を過ごすことができます。
おやつの時間は、食べるのはもちろん、会話することも楽しみのうち。
レシピを書きながら、おやつタイムのエピソードも思い出したので
メモしてみました。

米粉が入るとしっとりもっちり食感に

米粉入りマドレーヌ

【材料】
9cmマドレーヌ型6個分
米粉…30g
小麦粉…70g
スキムミルク…大さじ1
ベーキングパウダー…小さじ1/2
メープルシロップ、米油
　…各大さじ4
卵…2個
バニラオイル…6滴

【作り方】
❶オーブンを180度に予熱しておく。材料を全部ボウルに入れて混ぜ合わせる。
❷型に生地を入れて、180度のオーブンで20分焼く

My EPISODE
私が子どものころ、よく母が作ってくれた思い出の味。米油を使ったり、きな粉を混ぜたり、アレンジして楽しんでいます。

掃除

収納

料理

食べたくなったら切って焼くだけ

おからと全粒粉入り
アイスボックスクッキー

【材料】各約12枚分

(にんじんとごま味)
おからパウダー…10g
小麦粉…30g
全粒粉、きび砂糖、すりおろし
　にんじん…各40g
米油…大さじ1と1/3
豆乳、いりごま…各小さじ2

(ピーマン味)
おからパウダー…10g
小麦粉…30g
全粒粉…40g
みじん切りピーマン(レンジ
　600Wで1分加熱)…1個
メープルシロップ…大さじ4
きび砂糖…大さじ2
米油…大さじ1と1/3

(きな粉味)
おからパウダー…10g
小麦粉…30g
全粒粉、きび砂糖…各40g
きな粉…小さじ2
米油…大さじ1と1/3
豆乳…大さじ2と1/3

【作り方】

❶すべての材料を混ぜ合わ
せ、筒状にしてラップで包み、
保存袋に入れて冷凍しておく。

【調理の仕方】

❶オーブンを180度に予熱しておく。
❷冷凍室から取り出し、3分ほどお
いて包丁で切れるくらいになったら
(解凍が早いので注意)0.5mmほど
の厚さに切る
❸②をクッキングシートを敷いた
オーブンの天板に並べ、180度のオ
ーブンで15分焼く。

冷めたら乾燥剤を入れたびんに入れ
て保存。常温で4日ほど保存可能。

My EPISODE
娘の苦手な野菜を生地に混ぜ、食べ
たあとに「これ、ピーマンが入ってい
たんだよ。食べられたね〜」と言う
と、とてもうれしそうで満足げな笑
顔を浮かべていました。

簡単なのに濃厚！　コーヒーのお供に

ガトーショコラ

【材料】

9㎝マドレーヌ型6個分
チョコ…100g
豆乳…大さじ3
卵…2個
砂糖…大さじ2
米油…大さじ3と1/3
小麦粉…30g

【作り方】

❶オーブンを180度に予熱しておく。

❷耐熱ボウルに小さく砕いたチョコと豆乳を入れ、500Wの電子レンジで30秒加熱。取り出してスプーンなどで混ぜ、またレンジに入れ、10秒ずつ加熱しながら完全に溶かす。

❸ボウルに卵白を入れてハンドミキサーで泡立て、泡立ってきたら砂糖を半量加え、しっかりしたメレンゲを作る。

❹卵黄と残りの半量の砂糖、米油、冷ました②をスパチュラでよく混ぜ合わせる。ふるった小麦粉をさっくりと混ぜ、③のメレンゲの1/3を入れてしっかり混ぜ合わせ、残りのメレンゲも加えたらさっくり混ぜる。

❺マフィン型に生地を流し入れるか、ケーキ型に型紙を敷いて生地を流し入れ、180度のオーブンで20分焼く。（焼き時間はオーブンによって調整）

My EPISODE

息子が赤ちゃんのときから仲のいいママ友が、よくリクエストしてくれます。これを食べながら子どもたちの成長を喜び、たくさん話してリフレッシュ！

掃除

収納

料理

サクサクのクランブルがポイント

りんごのクランブルケーキ

【材料】

16cmケーキ型
りんご…1個
小麦粉…80g
卵…1個
砂糖…大さじ2
米油、豆乳…各大さじ1と1/3
ベーキングパウダー 小さじ1

(クランブル)
小麦粉…40g
すりごま…大さじ1
砂糖…大さじ1と2/3
米油…大さじ1と1/3

【作り方】

❶りんごは皮をむいていちょう切りにし、ラップをふわっとかけて600Wのレンジで4分、一度取り出して混ぜてさらに4分加熱。

❷オーブンを180度に予熱しておく。

❸①と卵、砂糖、米油、豆乳をボウルに入れてスパチュラでよく混ぜ合わせる。

❹③にふるった小麦粉を入れて、さっくり混ぜる。

❺クランブルの材料を保存袋にすべて入れ、ポロポロになるまで混ぜ合わせる。

❻④を型紙を敷いたケーキ型に流し入れ、⑤を上から全体にふりかけ、180度のオーブンで25分焼く。

 My EPISODE

夫は、食感が楽しめるこのケーキがお気に入り。子どもが寝たあと、おいしいコーヒーをいれてもらい、ゆっくり話しながら食べるのが夫婦の楽しみです。

おさよさんの **お掃除** メモ

毎日きっちり掃除を頑張るためではなく、どこをどれくらい掃除すれば満足できるかを知ったり、どこの掃除をいつやったのかの情報を見て管理したりするためのお掃除メモ。それぞれのペースやライフスタイルに合わせて、自由にカスタマイズして使ってください。コピーして使っていただいてもいいですし、Excel版をダウンロードして使っていただくこともできます。

Excel版お掃除メモURL

https://sites.google.com/site/osayosan34

▼月 1チェック表		▼週間チェック表	1週	2週	3週	4週
☐	換気扇	キッチン除菌	☐	☐	☐	☐
☐	お風呂徹底掃除	電子レンジ・トースター	☐	☐	☐	☐
☐	排水管洗浄	フローリング手拭き・中水	☐	☐	☐	☐
☐	洗濯槽除菌	布団乾燥・カバー洗濯	☐	☐	☐	☐
☐	エアコン	トイレ除菌	☐	☐	☐	☐
☐	ソファー	空気清浄機	☐	☐	☐	☐
☐	窓拭き	冷蔵庫整理・拭き掃除	☐	☐	☐	☐
☐	窓レール		☐	☐	☐	☐
☐			☐	☐	☐	☐
☐			☐	☐	☐	☐
	memo		☐	☐	☐	☐
☐			☐	☐	☐	☐
☐			☐	☐	☐	☐
☐			☐	☐	☐	☐
☐						
☐			☐	☐	☐	☐

▼月1チェック表	▼週間チェック表	1週	2週	3週	4週
☐		☐	☐	☐	☐
☐		☐	☐	☐	☐
☐		☐	☐	☐	☐
☐		☐	☐	☐	☐
☐		☐	☐	☐	☐
☐		☐	☐	☐	☐
☐		☐	☐	☐	☐
☐		☐	☐	☐	☐
☐		☐	☐	☐	☐
☐		☐	☐	☐	☐
memo		☐	☐	☐	☐
☐		☐	☐	☐	☐
☐		☐	☐	☐	☐
☐		☐	☐	☐	☐
☐		☐	☐	☐	☐
☐		☐	☐	☐	☐

おわりに

この本を最後まで読んでいただき、ありがとうございました。

1日24時間。家事にかけられる時間は人それぞれさまざまですが、この本を読んで、一緒に「明日はもっといい日にしよう」と計画を立てているような気分になっていただけるとうれしいです。

私は一般人で普通の主婦ですが、2年ほど前から携帯アプリインスタグラムに、日常の風景を撮影し、自分自身が「家事ぐせ」をつづける活力になればと投稿してきました。気づけば子育てのことやときには愚痴なんかも交えて、同じようなことを日々考え悩み真剣に向き合っている主婦の方

と交流し、励ましあえる場になっていました。この本のきっかけになったインスタグラムで出逢えたすべての方々に感謝致します。

著者名が私だけなのが疑問なくらい、たくさんお世話になったライターの本間さん、編集の黒部さん、本当にありがとうございました。出版するにあたり、ご尽力いただいたすべての方々に感謝申し上げます。

ありがとうございました。

2017年1月
おさよさん

著者 おさよさん

福岡県在住の主婦で、7才の男の子と4才の女の子のママ。毎日つづけられる簡単な掃除テクや、部屋がスッキリ片づく収納術などを紹介中のインスタグラム（@osayosan34）では、フォロワー数23万人を誇る。

STAFF

表紙・本文デザイン／今井悦子 (MET)
撮影／おさよさん、佐山裕子 (主婦の友社)
イラスト／二宮康範 (funput)
構成・文／本間 綾
編集担当／黒部幹子 (主婦の友社)

おさよさんの無理なくつづく家事ぐせ

著 者 おさよさん
発行者 矢﨑謙三
発行所 株式会社主婦の友社
　　　 〒101-8911　東京都千代田区神田駿河台2-9
　　　 電話　03-5280-7537 (編集)　03-5280-7551 (販売)
印刷所 大日本印刷株式会社